prima plus

Deutsch für Jugendliche

Friederike Jin · Lutz Rohrmann

A2.1

Cornelsen

prima plus

A2.1 | Deutsch für Jugendliche

Im Auftrag des Verlages erarbeitet von
Friederike Jin und Lutz Rohrmann

Redaktion: Lutz Rohrmann, Dagmar Garve

Beratende Mitwirkung: Roberto Alvarez, Michael Dahms, Katrina Griffin, Katharina Wieland, Milena Zbranková

Illustrationen: Laurent Lalo, Lukáš Fibrich (S. 11, 35, 36, 64, 65)

Bildredaktion: Katharina Hoppe-Brill

Layoutkonzept: Rosendahl Berlin, Agentur für Markendesign
Technische Umsetzung: zweiband.media, Berlin
Umschlaggestaltung: Rosendahl Berlin, Agentur für Markendesign

4 Hier gibt es eine Audioaufnahme.
V Hier gibt es eine Videosequenz.
⊕ Hier gibt es Zusatzmaterial auf der Arbeitsbuch-CD.
Hier schreibst du Texte für dein Portfolio.

www.cornelsen.de

Im Lernmittel wird in Form von Symbolen auf CD's verwiesen; diese enthalten bis auf die Hörverstehensübungen ausschließlich optionale Unterrichtsmaterialien. Sie unterliegen nicht dem staatlichen Zulassungsverfahren.

2. Auflage, 6. Druck 2023

Alle Drucke dieser Auflage sind inhaltlich unverändert
und können im Unterricht nebeneinander verwendet werden.

Druck und Bindung: GZH d.o.o., Zagreb

ISBN 978-3-06-120643-7 (Schülerbuch)
ISBN 978-3-06-120277-4 (E-Book)
ISBN 978-3-06-120645-1 (Audio-CD zum Schülerbuch)

Das ist prima^plus

prima^plus A 2.1 ist der dritte Band eines Lehrwerks für Jugendliche ohne Deutsch-Vorkenntnisse, das zu diversen Prüfungen vom Goethe-Zertifikat FIT über das Zertifikat Deutsch und DSD 1 bis hin zu den C1-Sprachdiplomen führt. prima^plus orientiert sich am Gemeinsamen europäischen Referenzrahmen. Die Bände A 2.1 und A 2.2 führen zur Niveaustufe A2. Die weiteren Bände führen zu den Niveaustufen B1, B2 und C1.
prima^plus bietet ein umfassendes, kompetenzorientiertes Lernprogramm an, das den Lernprozess der Schülerinnen und Schüler in den Mittelpunkt stellt und aktives Sprachhandeln fördert.
Das Schülerbuch prima^plus A 2.1 enthält sieben Einheiten, eine „Kleine Pause" und eine „Große Pause" sowie eine Wortliste im Anhang.
Die Einheiten bestehen aus je acht Seiten. Die bilderreiche Einstiegsseite führt mit ersten Aufgaben zum Thema hin. Es folgen sechs Seiten mit Texten, Dialogen und vielen Aktivitäten, die die Fertigkeiten Hören, Sprechen, Lesen und Schreiben systematisch entwickeln. Die Audio-CD zum Schülerbuch enthält die Dialoge, Hörtexte und die Übungen zur Aussprache. Im Sinne des europäischen Sprachenportfolios sprechen und schreiben die Schüler und Schülerinnen auch regelmäßig über sich selbst und ihre Erfahrungen.
Besonderen Wert haben wir auf aktuelle landeskundliche Informationen aus dem Alltag in D-A-CH gelegt. Sie sind mit i hervorgehoben.
Zu jeder Einheit gibt es einen kurzen Videoclip. Darüber hinaus gibt es bei den Pausen ein Videoangebot mit je drei Szenen, zu dem auf den Videoseiten im Schülerbuch Aufgaben stehen.

prima^plus bietet mehrere Ebenen der Spracharbeit, die den Aufbau der Kompetenzen unterstützen. Die orangenen Kästen Denk nach helfen dabei, sprachliche Strukturen selbst zu erkennen und grammatisches Regelwissen aufzubauen. In jeder Einheit finden sich Übungen zum Aussprachetraining. Darüber hinaus enthält prima^plus ein umfassendes Angebot zur Wortschatzarbeit. Aktivitäten zum Aufbau der Lernkompetenz, die mit TIPP gekennzeichnet sind, runden das Programm ab.
Die letzte Seite jeder Einheit fasst im Abschnitt Das kannst du das Gelernte knapp zusammen.
Die Kleine Pause nach Einheit 3 und die Große Pause nach Einheit 7 wiederholen den Lernstoff spielerisch, bieten literarische Ansätze und Seiten zur Arbeit mit den Videoszenen und Landeskundeclips.
Im Anhang finden sich die alphabetische Wortliste und eine Liste zur Aussprache der Buchstaben im Deutschen.

Das vierfarbige Arbeitsbuch mit integrierter CD unterstützt die Arbeit mit dem Schülerbuch.
Die CD enthält auch weitere Lese- und Hörtexte und interaktive Übungen, auf die im Schülerbuch und Arbeitsbuch mit dem Symbol ⊕ verwiesen wird.
Zur schnellen Orientierung gibt es zu jedem Lernabschnitt im Schülerbuch unter der gleichen Nummer im Arbeitsbuch das passende Übungsangebot.

Unter www.cornelsen.de gibt es für die Arbeit mit prima^plus Zusatzmaterialien, Übungen und didaktische Tipps sowie interessante Links.

Der digitale Unterrichtsmanager (DU) ermöglicht es, den Unterricht abwechslungsreich mit dem Whiteboard oder dem Beamer durchzuführen. Der DU enthält das digitalisierte Schülerbuch und integriert eine Vielzahl von Medienangeboten und zusätzliche Materialien.

Wir wünschen viel Spaß beim Deutschlernen und beim Deutschunterricht mit prima^plus.

1

Wie war's in den Ferien?

Das lernst du

- Sagen, wie die Ferien waren
- Vermutungen äußern
- Das Wetter beschreiben
- Von Ferienerlebnissen erzählen

A

B

C

D

Hör zu. Welche Fotos passen zu den Jugendlichen? 2–5

Joscha · Konstantin · Sabrina · Katharina

Was macht ihr gern? Sammelt Urlaubsaktivitäten in der Klasse.

Ich will in den Ferien …

Am liebsten bin ich …

In den Ferien kann ich …

Ich mag …

1 Da war richtig was los!

2–5 **a** Hör die Aussagen der Jugendlichen noch einmal. Notiere: Wer hat was gemacht?

Joscha

Konstantin

Sabrina

Katharina

b Ordne Adjektive und die Ausdrücke den Jugendlichen zu.

Gigantisch! – *Ich war sehr müde.* – *Voll cool!* – *Total blöd!* – *Wir hatten einen tollen Blick!* – *Da war nichts los!* – *Blöd!* – *Super!* – *Langweilig!* – *Da war richtig was los!* – *Romantisch!* – *Schrecklich!* – *Nervig!* – *Total gemütlich!* – *Wunderbar!*

c Gute und schlechte Stimmung. Mach eine Tabelle und ergänze weitere Ausdrücke.

Gute Stimmung ☺	Schlechte Stimmung ☹
gigantisch	

d Lies das *Denk nach* und ergänze die Endungen von den Possessivartikeln.

1. Ich war mit mein… Freund Lukas unterwegs.
2. Konstantin war mit sein… Eltern in Wien.
3. Sabrina war mit ihr… Bruder und ihr… Eltern in Alicante.
4. Seid ihr mit eur… Auto nach Spanien gefahren?
5. Robi war zehn Tage bei sein… Vater in Hamburg.

Possessivartikel im Dativ

mit meinem/deinem/…	Bruder
mit meiner/deiner/…	Schwester
mit unserem/eurem/…	Auto
mit meinen/deinen/…	Freunden

e Lies die Partizipien. Wie heißen die Infinitive?

gegessen – gemacht – getroffen – gesehen – getanzt – gefahren – geblieben – geflogen – geschwommen

gegessen – essen

f Welche Verben aus 1e bilden das Perfekt mit *haben* und welche mit *sein*?

g Vermutungen – Was haben die Jugendlichen im Urlaub vielleicht gemacht? Wähl eine Person aus und schreib fünf Sätze.

Ich glaube, Joscha …
Ich vermute, …
Ich denke, …
Vielleicht ist/hat Katharina …
Wahrscheinlich ist/hat …

Ich glaube, Konstantin hat mit seinen Eltern eine Städtetour gemacht. Vielleicht sind sie …

2 Von den Ferien erzählen

a Thema „Wetter“ – Welche Bilder passen zu 1–4?

A

B

C

D

1
der Wind/der Sturm
das Gewitter
Es stürmt.
Es blitzt und es donnert.

2
der Schnee
Es schneit.
Es ist kalt.

3
die Sonne
Die Sonne scheint.
Es ist heiß.
Das Wetter ist gut.

4
der Regen
Es regnet.
Es ist nass und neblig.
Es ist kühl.
Das Wetter ist schlecht.

b Erzählt: Wie war das Wetter in euren letzten Ferien?

Wir hatten	viel/wenig/keine/keinen	Sonne/Regen/Schnee.
Es hat	stark / ein bisschen / überhaupt nicht	geregnet/geschneit/gestürmt.
Die Sonne hat	immer/manchmal/nie	geschienen.

Ich war auf Mallorca. Es war sehr heiß. Die Sonne hat fast immer geschienen.

Wir waren in den Alpen und sind Ski gefahren, aber das Wetter war schlecht. Es hat viel geschneit. Es war nass und neblig.

v **c** Thema „Ferienerlebnisse“ – Bringt Fotos mit und erzählt von euren Ferien.

Mit wem bist du gefahren?

Wie war das Wetter?

Wohin bist du gefahren?

Was hast du gemacht?

Wie war das?

Ich bin zu Hause geblieben, aber meine letzten Ferien waren toll. Das Wetter war super. Wir …

3 Biggis Abenteuer in der Schweiz

a Lies das Blog und ordne die Fotos zu.

Biggis Blog Über mich Aktuell

Der Mönch – mein erster Viertausender

1

Um 12 Uhr war Treffpunkt am Bahnhof in Grindelwald. Alle waren pünktlich. Wir, das sind David, Jan, Keiko, Konstantin, Maria, Kathy, Lucia und ich.
Wir sind Deutsche, Franzosen, Japaner, US-Amerikaner und Engländer, aber alle sprechen ganz gut Deutsch. Beat, Jürg und Urs waren unsere Bergführer. Sie sind Schweizer (logisch 😜).
Wir haben die Jungfrau-Bahn auf das Jungfraujoch genommen und sind 1½ Stunden den Berg hinauf durch Eis und Schnee gefahren.

A

2

Um kurz vor zwei sind wir auf dem Jungfraujoch (3 454 m) angekommen.
Da hatten wir einen fantastischen Blick auf unseren Berg: den Mönch. Er ist 4 107 Meter hoch und sieht toll aus. Morgen wollen wir auf den Gipfel steigen.
Am Jungfraujoch gibt es ein Berggasthaus.
Da haben wir eine Cola getrunken und etwas gegessen.

B

3

Um kurz nach fünf sind wir zur Mönchsjochhütte gegangen. Dazu haben wir 45 Minuten gebraucht. Der Hüttenwirt hat uns begrüßt und die Betten gezeigt. Alles war ganz einfach, aber das Abendessen war gut. Danach haben wir noch ein bisschen Karten gespielt, aber wir sind nicht lange aufgeblieben.

C

6–11 **b** Hör die Dialoge und ordne sie zu.

- a im Berggasthaus
- b in der Bahn
- c im Bahnhof in Grindelwald
- d abends im Club
- e auf der Bergtour
- f in der Mönchsjochhütte

Dialog 1 ist im Bahnhof Grindelwald.

Meine Fotos | Kontakte | ⇨ Startseite

4

Um 5 Uhr sind wir aufgestanden, um halb sechs haben wir gefrühstückt und dann alles eingepackt. Um 6 Uhr sind wir losgegangen. Die Rucksäcke waren schwer, 10–12 kg! Immer den Berg hoch, über Felsen und Schnee. Nach zwei Stunden ist es passiert: Laura ist hingefallen. Sie war müde und ihre Füße haben wehgetan. „Ich kann nicht mehr", hat sie gejammert. Da hatten wir ein Problem. Aber Beat hatte eine Idee. Er hat gesagt, sie muss weitergehen, dann kann sie sich etwas wünschen. Laura hat Beat einen Wunsch ins Ohr gesagt, er hat genickt und dann ist sie wieder aufgestanden und weitergegangen. Was hat sie gesagt? Keine Ahnung. Beide haben es nicht verraten.
Wir sind weitergegangen und schon eine Stunde später waren wir oben auf 4107 Metern. Echt cool! Wir haben viel fotografiert. Dann sind wir wieder zurückgegangen.

D

5

Abends auf dem Campingplatz in Grindelwald war noch eine andere Jugendgruppe. Da war richtig was los, erst haben wir viel erzählt, dann haben wir Musik gemacht und getanzt. Laura hat den ganzen Abend mit Beat getanzt. Lucia und ich glauben, sie ist mit Absicht hingefallen.

E

Biggis Schweiz-Infos

Die Schweiz hat 7,35 Mio. Einwohner und liegt zwischen Deutschland im Norden, Österreich im Osten, Italien im Süden und Frankreich im Westen. 80 % der Schweiz liegen in den Alpen. Die Hauptstadt der Schweiz ist Bern. Knapp zwei Autostunden von Bern entfernt liegen die Berge Eiger (3 970 m), Mönch (4107 m) und Jungfrau (4158 m).

c Arbeitet in Gruppen. Schreibt je fünf Fragen zum Text. Schließt das Buch. Fragt und antwortet. Wer weiß am meisten?

Heißt ein Mitglied von der Gruppe Heiko?

Welches Land liegt im Westen von der Schweiz?

4 Partizipien systematisch lernen

a Such die Partizipien aus Biggis Blog heraus. Ergänze den Infinitiv und mach eine Tabelle.

ge…-t *ge…-en*	*…ge…-t* *…ge…-en*	kein *ge-* aber *-t* kein *ge-* aber *-en* (Vorsilben: *ver…, er…, be…*)	Verben auf *-ieren*
machen – gemacht	aufpassen – aufgepasst	erzählen – erzählt	passieren – passiert trainieren – trainiert
ankommen – angekommen	nehmen – genommen	verraten – verraten	

b Findet zu jeder Spalte weitere Verben aus prima plus.

♪ 12 **c** Phonetik: Wortakzent bei Verben mit Vorsilben – Schreib die Verben ins Heft.
Hör zu und markiere den Wortakzent. Wo ist der Wortakzent bei den trennbaren Verben?
mitkommen – aufbleiben – ankommen – losgehen – einpacken – besichtigen – begrüßen – verstehen – verraten

13 **d** Trennbar oder nicht? Wo ist der Wortakzent? Hör zu und notiere.

5 Sprechen üben

14–16 **a** Hör zu und sprich mit.
Gruppe 1:

● • • ● • • (•)

aufpassen – (hat) aufgepasst …
aufbleiben – (ist) aufgeblieben …
mitmachen – (hat) mitgemacht
einpacken – (hat) eingepackt

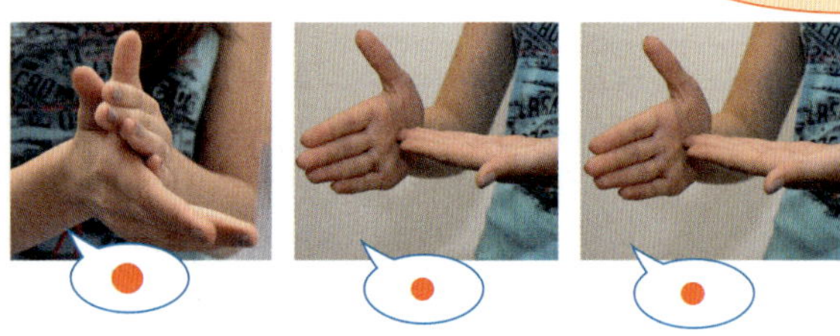

AUF ge passt

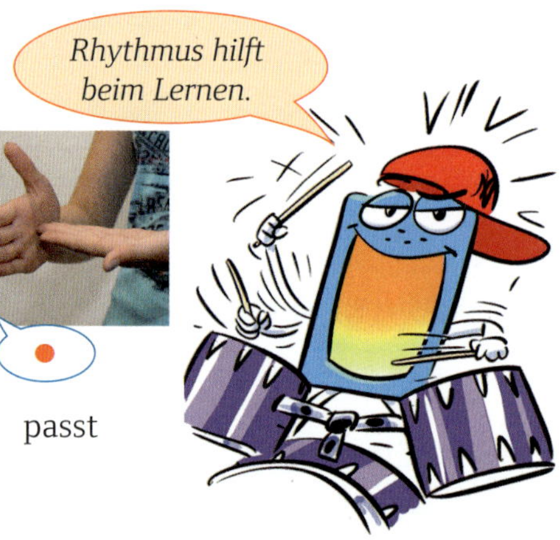

Gruppe 2: • ● •-• ●   besuchen – (hat) besucht …

Gruppe 3: • ● •-• ● •   verstehen – (hat) verstanden …

b Macht Lernkarten wie im Beispiel. Fragt euch gegenseitig.

Vorderseite	Vorderseite
aufbleiben	passieren

Rückseite	Rückseite
ist aufgeblieben	ist passiert
Wir sind aufgeblieben.	Dann ist es passiert.

6 Zurück aus den Ferien

a Alle sind wieder zu Hause. Lies das Beispiel unten und betrachte das Haus. Wer ist das?

b Such dir eine Wohnung aus und stelle die Personen schriftlich oder mündlich vor.

– Name? Alter? Hobbys/Beruf?
– Wie sieht sie aus?
– Wie ist ihr Zimmer / ihre Wohnung?
– Wo war sie in den Ferien?
– Was mag sie?
– Was mag sie nicht?
– Was will sie heute Abend machen?

c Wählt eine von den drei Aufgaben.

1. Schreib einen Dialog zur Situation in deiner Wohnung.
2. Spielt Dialoge. Überlegt: Wie spielt ihr die Personen: freundlich, traurig, wütend …?
3. Erzähle eine Geschichte zu einer von den Szenen.

Sagen, wie die Ferien waren

☺	☹
Da war richtig was los.	Da war nichts los.
Wir haben viel gemacht.	Das war (total) blöd.
Der Urlaub war wunderbar.	Die Ferien ohne meine Freunde waren langweilig.
Der Club war voll cool.	Das Essen war schrecklich.
Wir haben viel getanzt.	Ich habe nur Hamburger gegessen.

Vermutungen äußern

Ich glaube/denke/vermute, Konstantin hat eine Städtetour gemacht.
Vielleicht ist Katharina zu Hause beblieben.
Wahrscheinlich war Joscha mit Lukas unterwegs.

Das Wetter beschreiben

Wie war das Wetter (bei euch im Urlaub)?

Das Wetter war schlecht.
Es war nass und neblig.
Es hat überhaupt nicht geregnet.
Die Sonne hat geschienen.

Von Ferienerlebnissen erzählen

Wir sind mit dem Auto nach Wien gefahren und haben bei unseren Freunden übernachtet.
Wir haben viel gesehen. Es war super.
Wir waren in den Bergen und sind Ski gefahren.

Außerdem kannst du …

… einen Blog zu einer Reise verstehen.

Grammatik kurz und bündig

Possessivartikel

ich	du	er	es	sie	wir	ihr	sie/Sie
mein-	dein-	sein-	sein-	ihr-	unser-	eu(e)r-	ihr-/Ihr-

Artikel im Dativ

Maskulinum		Neutrum		Femininum	
mit de**m**	Bruder	mit de**m**	Fahrrad	mit de**r**	Schwester
eine**m**	Bruder	eine**m**	Fahrrad	eine**r**	Schwester
meine**m**	Bruder	meine**m**	Fahrrad	meine**r**	Schwester
meine**n**	Brüdern	meine**n**	Fahrrädern	meine**n**	Schwestern

Perfekt – Partizipien

trennbare Verben:	einkaufen, kauft ein	hat ein^{ge}kauf**t**
	mitkommen, kommt mit	ist mit^{ge}komm**en**
Verben mit *ver-*, *er-*, *be-*: (kein *ge-*!)	vermuten	hat vermute**t**
	bekommen	hat bekomm**en**
Verben auf *-ieren*: (kein *ge-*)	fotografieren	hat fotografier**t**
	passieren	ist passier**t**

Die unregelmäßigen Verben findest du auf Seite 77.

Meine Pläne

2

Das lernst du

- Hoffnungen und Wünsche äußern
- Etwas vermuten/berichten
- Über Berufe sprechen
- Etwas begründen

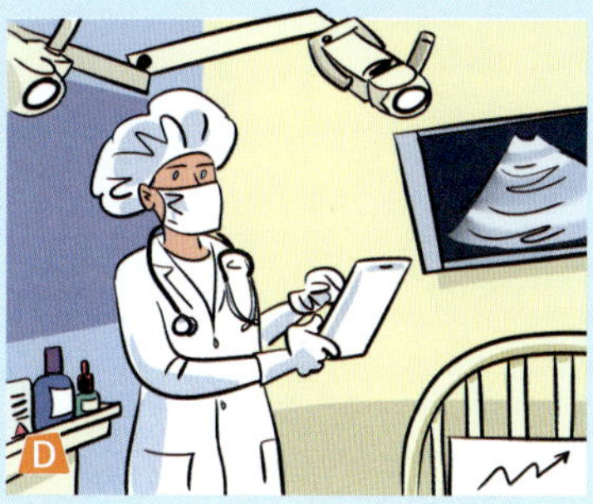

Geld verdienen passt zu Bild A. Der Manager verdient bestimmt viel Geld.

Das passt aber auch zu Bild …

Sammelt Wörter zu den Zeichnungen.
Was passt zu welcher Zeichnung? Ordne zu.
reich werden – viel Geld verdienen – verheiratet sein – glücklich sein – viel arbeiten – berühmt sein – ein Haus mit Schwimmbad haben – einen guten Beruf haben – die Welt kennenlernen – Menschen helfen – im Ausland arbeiten – viele Tiere haben – ein Star sein – …

1 Ich glaube, dass …

a Was glaubst du: Was mag Eva und was mag David?
Wer möchte was in Zukunft machen?
Ergänze David und Eva und lies vor.

1. Ich glaube, dass … Kinder mag.
2. Ich glaube, dass … gerne reist.
3. Ich glaube, dass … gerne Fremdsprachen lernt.
4. Ich glaube, dass … Musik macht.
5. Ich glaube, dass … berühmt sein möchte.
6. Ich glaube, dass … die Welt kennenlernen möchte.
7. Ich glaube, dass … auf Hawaii surfen möchte.
8. Ich glaube, dass … viele Kinder haben möchte.

1. Eva

b Lies die Sätze in 1a noch einmal und ergänze das *Denk nach*.

Denk nach

Hauptsatz: Verb auf Position 2		**dass-Satz:** konjugiertes Verb am Ende	
David **mag** Kinder.	Ich glaube,	dass David Kinder	mag.
Eva **braucht** viel Geld.	Eva sagt,	dass sie viel	… .
David **möchte** Arzt werden.	David sagt,	dass er Arzt werden	… .

17–18 **c** Hör das Interview. Was sagen David und Eva?
Welche Vermutungen von euch waren richtig und welche falsch?

David sagt, dass er in 10 Jahren Partys machen möchte.

Eva sagt, dass sie viel Geld …

2 Und was ist dein Traum?

Bringt Bilder mit und zeigt etwas von euren Träumen.

3 Berufe

19 **a** Hör zu. Welche Berufe sind das?

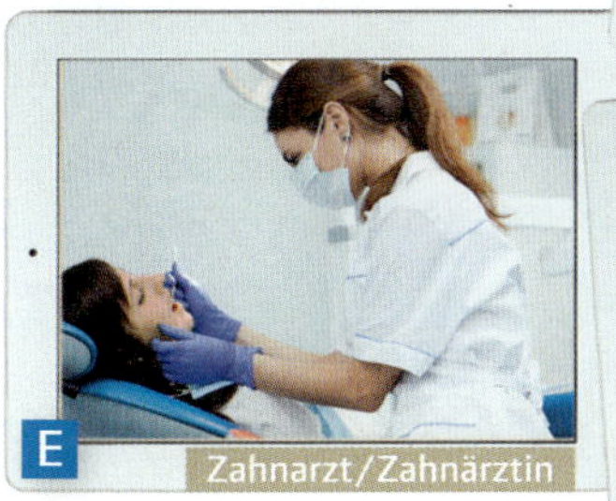

b Was muss man in den Berufen gut können?
Ordne die Tätigkeiten den Berufen zu. Es gibt mehrere Möglichkeiten.

(gut) organisieren	früh aufstehen	Operationen machen	viel sprechen
schreiben	Geschichten erzählen	planen	viel/wenig …
telefonieren	interessante Arbeit	reisen	Freizeit haben
malen	Interviews machen	reparieren	Geld verdienen
draußen arbeiten	korrigieren	singen	mit Technik arbeiten
drinnen arbeiten	leichte Arbeit	spielen	vorlesen
erklären	Menschen helfen	mit Menschen	Zeit für Kinder haben
filmen	mit Menschen sprechen	zusammen sein	zu Hause bleiben

Ich glaube, dass eine Journalistin viel telefoniert und wenig Zeit für die Familie hat. Sie muss gut schreiben können.

20–21

4 Phonetik: *r* und *l* – Hör zu und sprich nach.

Drinnen und draußen,
reisen und schreiben:
Das ist interessant.

Telefonieren und planen,
viel Geld verdienen:
Das ist leicht.

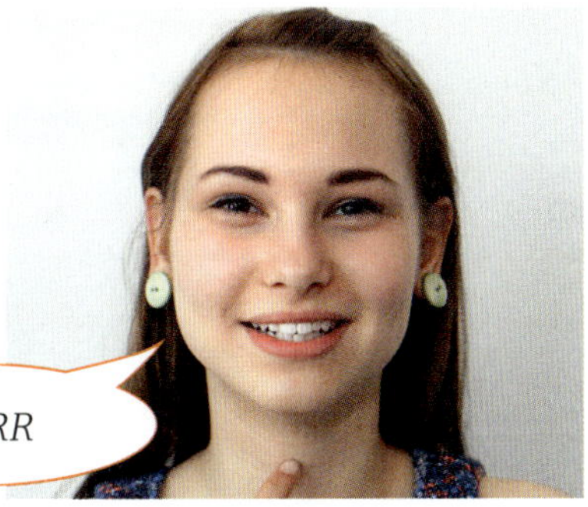

5 Ratespiel

- Sammelt 15 Berufe an der Tafel.
- Beschreibt zu zweit einen Beruf wie im Beispiel.
- Die anderen raten.

Man muss gut organisieren können.

Man spricht viel mit Menschen.

Man muss viel telefonieren.

Das ist eine Sekretärin.

6 Berufe und Berufswünsche

a Lies die Texte: Wer macht was? Warum?

Meine Tante ist Spiele-Entwicklerin. Sie war zuerst auf der Schauspielschule. Aber nach einem Jahr hat sie aufgehört, weil sie nicht gut genug war. Sie hat dann Informatik studiert und danach eine Stelle als IT-Technikerin bekommen. Die Arbeit hat ihr aber nicht gefallen, weil sie nur Computerprobleme von Kollegen gelöst hat. Dann hat sie eine Stellenanzeige gesehen und sie hat die Stelle bekommen. Sie liebt ihre Arbeit, weil sie sehr kreativ ist.

Mein Opa ist Tierarzt, weil er schon als Kind Tiere geliebt hat. Zu Hause hatten sie viele Haustiere. Nach der Schule hat er zuerst eine Lehre bei einer Bank gemacht, weil er nicht genug Geld für ein Studium hatte. Dann hat er ein paar Jahre gearbeitet. Aber sein Traumberuf war immer Tierarzt. Deshalb hat er nach drei Jahren bei der Bank aufgehört und ein Tierarzt-Studium angefangen. Es war nicht einfach, weil er neben dem Studium immer gearbeitet hat.

b Fragt eure Eltern oder Verwandte nach ihren Berufen. Berichtet in der Klasse.

c Ergänze im *Denk nach* die Verben am Ende

Denk nach

Hauptsatz: konjugiertes Verb auf Position 2	**Nebensatz:** konjugiertes Verb am Ende
Sie **hat** mit der Schaulspielschule aufgehört.	weil sie nicht gut genug ....
Er **liebt** seine Arbeit,	weil er kreativ und vielseitig ... .
Er **ist** Tierarzt,	weil er Tiere ... .

7 Sprechen üben – Lange Sätze sprechen

22 **a** Hör die Sätze.

Ich möchte Arzt werden, weil ich dann Menschen helfen kann.

Ich möchte Touristikkauffrau werden, weil ich gerne Reisen organisiere.

Ich möchte nicht Journalist werden, weil ich nicht gerne schreibe.

b Hör noch einmal und sprich nach.

c Kettenspiel – Spielt in zwei Phasen.

1. Phase

Alle sagen ihre Berufswünsche mit einer Begründung.
Alle merken sich so viele Wünsche und Gründe wie möglich.

2. Phase

A zeigt auf B und sagt, was sein/ihr Berufswunsch ist und warum.
Dann ist B dran usw.

8 Betriebspraktikum

a Lies den Text und beantworte die Fragen.

1. Wer macht ein Betriebspraktikum?
2. Wie lange dauert ein Betriebspraktikum?
3. In welchen Klassen findet es statt?

In Deutschland machen die meisten Schüler in der Klasse 8 oder 9 ein Betriebspraktikum von 1 bis 3 Wochen. Sie lernen in einer Firma das Berufsleben kennen. Am Ende müssen sie einen Bericht schreiben und manchmal auch einen Kurzvortrag für die Klasse machen.

23 **b Du hörst den Vortrag von Dennis. Sind die Aussagen 1–6 richtig oder falsch?**

1. Dennis wollte gern etwas mit Technik machen.
2. Dennis ist alleine auf die Baustellen gefahren.
3. Das Praktikum war sehr langweilig.
4. Er musste sauber machen.
5. Dennis konnte selbst Kabel und Schalter legen.
6. Er möchte nach der Schule eine Elektrikerlehre machen.

c Lies die Sätze in b noch einmal und ergänze die Endungen im *Denk nach*.

Denk nach

Modalverben im Präteritum

ich	musste	konnte	wollte
du	musstest	konntest	wolltest
er/es/sie/man	muss...	konn...	woll...
wir	mussten	konnten	wollten
ihr	musstet	konntet	wolltet
sie/Sie	muss...	konnt...	wollt...

24 **d Du hörst den Vortrag von Hannah. Lies die Aufgaben. Was ist richtig: a, b oder c?**

V 1. Hannah

a möchte Ärztin werden.
b möchte Krankengymnastin werden.
c hat noch keinen Berufswunsch.

2. Sie hat ihr Praktikum

a bei ihrem Vater gemacht.
b in einer Schule gemacht.
c bei einer Krankengymnastin gemacht.

3. Bei ihrem Praktikum konnte Hannah

a alles selbst machen.
b nicht so viel selbst machen.
c nicht viel lernen.

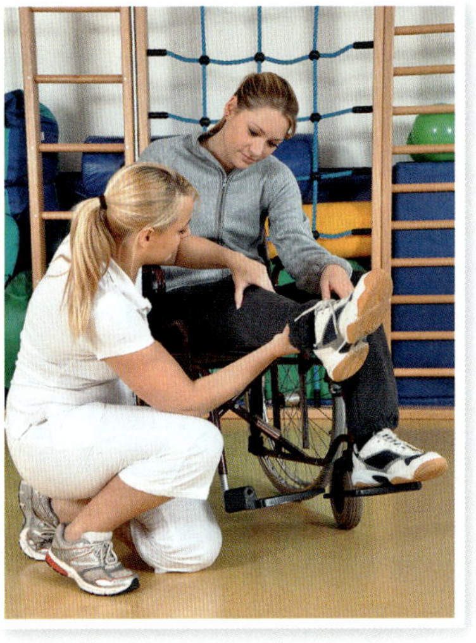

+ **e Welche Berufe findest du toll und welche nicht? Schreib einem Freund / einer Freundin eine E-Mail.**

Neue Mail ⇨ **Senden**

Lieber Tiago,
deine Frage war: Welche Berufe findest du toll und welche nicht? Hier ist meine Liste:
Ich möchte nicht Frisör werden, weil man als Frisör meistens nicht gut verdient.

9 Das Turnier

a Lies den Tagebucheintrag vom 22. Februar.

– Warum ist Peer glücklich?
– Was ist das Problem?

Aus dem Tagebuch von Peer Steiner

22. Februar

Heute ist ein klasse Tag. Herr Busch, mein Tennistrainer, hat gesagt, dass ich vielleicht beim Landesjugendturnier im April mitspielen kann. Vier Jugendliche aus dem Verein dürfen nach Stuttgart fahren. Ich bin total glücklich, aber ich habe auch Angst. Bin ich wirklich gut genug? Herr Busch hat heute sechs von uns gefragt, aber am Ende können nur vier fahren.
Bis Mai spielen wir noch drei Turniere. Eins intern im Verein und zwei gegen andere Vereine. Das erste Turnier findet am nächsten Samstag statt. Herr Busch sagt, dass ich es schaffen kann, aber dass ich noch viel trainieren muss.

b Lies nun die Tagebucheinträge vom 28. 2. und 10. 3. Korrigiere die Aussagen.

1. Peer ist sehr zufrieden.
2. Tanja mag nicht, dass Peer Tennis spielt.
3. Peer spielt keine Computerspiele mehr.

28. Februar

FRUST!!!! Gestern war das Jugendturnier im Verein und ich bin Fünfter geworden. Ich hatte echt Pech. Im letzten Spiel war ich zuerst richtig gut. Ich habe 1 zu 0 geführt. Aber dann hatte ich nicht mehr genug Kondition und habe am Ende 3 zu 2 verloren.
Danach ist auch noch Herr Busch gekommen und hat gesagt, dass ich viel intensiver trainieren muss. Er hat ja Recht. Letzte Woche war ich nicht beim Training, weil ich mit Tanja im Kino war. Aber ich will unbedingt zu dem Turnier. Ich muss mehr trainieren. Tanja will einen Trainingsplan für mich machen. Zwei Punkte sind schon klar: joggen und keine Computerspiele.

10. März

JUBEL!!!! Beim Turnier gegen den TSV Sinsheim bin ich Dritter geworden. Ich glaube, dass ich es schaffen kann. Ich gehe jetzt jeden Tag mit Bello joggen. Er kommt gerne mit, weil er rennen kann, und ich verbessere meine Kondition. Wie soll ich das alles schaffen: die Schule, das Training, meine Freunde, Tanja? Ich habe ein neues Computerspiel: „Wimbledon-Champion“. Es ist Weltklasse. Ich habe heute drei Stunden gespielt. Tanja ist sauer.

c **Lies nun die Tagebucheinträge bis zum 3. April. Beantworte dann die Fragen.**

1. Warum war Herr Busch nicht zufrieden?
2. Was ist im Training am 18. März passiert?
3. Wie hat Tanja reagiert?
4. Was muss Peer am nächsten Samstag schaffen?

16. März

Ich bin total frustriert. Die letzten Trainingsspiele habe ich alle verloren. Herr Busch meint, dass ich viel Talent habe, aber dass ich nicht konzentriert genug bin. Du musst es wirklich wollen, sagt er. Aber ich will ja. Er sagt, dass ich zu viele Sachen gleichzeitig will. Vielleicht hat er ja Recht.
Ich habe heute auch mit Tanja gesprochen. Sie war total lieb und hat mich getröstet und den Trainingsplan neu geschrieben. Zuerst habe ich „Wimbledon-Champion" von meinem Computer gelöscht. Am 8. April ist das große Jugendturnier gegen die TSG-Roth. Ich bin total nervös.

18. März.

So ein Mist. So ein Mist!!!! SO EIN MIST!!!!!! Ich war gestern wirklich gut im Training. Und dann wollte ich unbedingt diesen Ball bekommen, bin gesprungen, habe ihn auch bekommen, bin aber dann blöd auf den linken Arm gefallen. Ich musste zum Arzt. Der Arm ist in einer Schiene und tut total weh. Mindestens zehn Tage kein Training.
Tanja ist ein Schatz. Sie hat meinen Trainingsplan angepasst: joggen, Krafttraining für die Beine und den rechten Arm …

3. April

Heute habe ich zum ersten Mal wieder ein Trainingsmatch gespielt. Inzwischen habe ich Konditionstraining und Krafttraining gemacht. Es hat heute ganz gut funktioniert. Ich muss beim Turnier am nächsten Samstag mindestens auf Platz 4 kommen. Dann habe ich noch eine Chance.

d **Lies nun den Tagebucheintrag von 8. April.**
Schreibt dann in Gruppen Peers Tagebucheintrag vom 3. Mai. Wie war die Meisterschaft für Peer?

8. April

Heute war das entscheidende Turnier gegen die TSG-Roth. Die ersten beiden Spiele habe ich locker gewonnen. Aber das dritte Spiel war hart. Den ersten Satz habe ich gewonnen, aber den zweiten verloren. Ich wollte schon aufgeben, aber dann habe ich Tanja auf der Tribüne gesehen und meine Eltern und hatte plötzlich das Gefühl: Das musst du schaffen. Jetzt kann nicht alles zu Ende sein. Am Ende stand es dann 2 zu 1. Jetzt bin ich auf Platz 4 in der vereinsinternen Rangliste.
ICH FAHRE ZUR LANDESMEISTERSCHAFT!

3. Mai

Es ist Mitternacht. Der Abend nach Stuttgart. Zuerst …

25 **e** **Hör Peers Telefonat mit seinem Freund Jens gleich nach dem letzten Spiel.**
Passt es zu deinem Tagebucheintrag?

Projekt

Macht einen Trainingsplan zur Vorbereitung auf ein großes Turnier (Tennis, Fußball …) und stellt ihn in der Klasse vor. Was müsst ihr machen? Was dürft ihr nicht machen?

Hoffnung und Wünsche äußern

Ich hoffe, dass ich glücklich werde.

Ich möchte Arzt werden.

Etwas vermuten/berichten

Ich glaube, dass Eva Kinder mag. Sie möchte vielleicht im Ausland arbeiten.
Ich vermute, dass du viel Geld verdienen willst.

Über Berufe sprechen

Eine Touristikkauffrau muss Reisen organisieren.
Ein Gärtner arbeitet viel draußen, ein Friseur arbeitet drinnen.

Dennis wollte etwas mit Technik arbeiten. Er musste sauber machen.
Er konnte Kabel und Schalter legen.

Etwas begründen

Ich bin Tierarzt, weil ich Tiere liebe.
Ich möchte Journalistin werden, weil ich gerne schreibe.

Außerdem kannst du ...

... Kurzvorträge über ein Praktikum verstehen.
... einen Text über ein wichtiges Ereignis im Leben verstehen.

Grammatik kurz und bündig

Nebensätze mit *dass* und *weil*

Hauptsatz: Verb auf Position 2 — Nebensatz: konjugiertes Verb am Ende

	Position 2			Ende
Eva	**mag**	Kinder.		
Sie	**sagt,**		**dass** sie Kinder	**mag**.
David	**steht**	nicht gerne früh **auf**.		
Er	**will**	nicht Pilot werden,	**weil** er nicht gerne früh	**aufsteht**.

Vergangenheit: Modalverben im Präteritum

Infinitiv	können	müssen	wollen
ich	konnte	musste	wollte
du	konntest	musstest	wolltest
er/es/sie/man	konnte	musste	wollte
wir	konnten	mussten	wollten
ihr	konntet	musstet	wolltet
sie/Sie	konnten	mussten	wollten

Er **wollte** etwas Interessantes machen, aber er **musste** immer sauber machen.
Sie **wollte** im Hotel arbeiten, aber sie **konnte** keinen Praktikumsplatz finden.

Bei *haben, sein, müssen, können, wollen* verwendet man in der Vergangenheit meistens das Präteritum.

Freundschaft

3

Das lernst du

- Über Freundschaft sprechen
- Um Hilfe bitten / Hilfe anbieten
- Eine Geschichte erzählen
- Eigenschaften benennen und vergleichen
- Komplimente machen

Beschreibt die Fotos. Wo sind Alina, Sophie, Elias und Tim? Was machen sie?

Hör zu. Zu welchen Bildern passen die Dialoge? 26–28

Der Dialog 1 passt zu Foto C. Die Schüler sprechen über …

1 Freunde und Freundinnen

26 **a Hör noch einmal. Stimmt das oder nicht? Warum?**

1. Alina sagt, dass die Deutscharbeit schwer war.
2. Elias hat Probleme in Deutsch.
3. Elias braucht eine gute Note in Deutsch.
4. Alina erklärt Elias die Matheaufgaben.
5. Tim erklärt Alina die Grammatikregeln.
6. Tim und Elias sind in einer Klasse.

b Lies den Dialog und ergänze das *Denk nach*.

● Hi, Sophie, alles o.k.?
■ Alles o.k. Und bei dir, Tim?
● Die Deutscharbeit war total schwer.
▲ Ja, die Grammatik war wirklich schwer.
◆ Findet ihr? Ich finde, dass sie leicht war.
● Du bist aber auch gut in Deutsch, Alina.

▲ Alina, kannst du mir helfen? Kannst du mir die Grammatik erklären? Ich muss unbedingt eine Drei schreiben.
◆ Ich kann es versuchen. Erklärst du mir dann Mathe, Elias?
▲ Na klar. Das mache ich gern.

Denk nach

Pronomen im Dativ

Singular		Plural	
ich	...	wir	uns
du	...	ihr	euch
er/es	ihm	sie/Sie	ihnen/Ihnen
sie	ihr		

	Er erklärt	Sie erklärt
Dativ (Person)	ihr	ihm
Akkusativ (Sache)	Mathe.	die Grammatik.

c Schreib Sätze mit Personalpronomen im Dativ und lies vor.

Sie (Alina)	geben	sie (ihre Freundin)	eine Blume
Er (Elias)	glauben	er (Elias)	ihre Deutscharbeit
Sie (Sophie)	helfen	sie (Alina)	in Mathe
Sie (die Verkäuferin)	zeigen	sie (ihre Freunde)	Jacken
		sie (Sophie)	Nachhilfe in Deutsch
			nicht

Sie gibt ihm Nachhilfe in Deutsch.

2 Sprechen üben – Verstärkungswörter

29 **Hör zu und sprich nach.**

schwer	total schwer	Die Arbeit war total schwer.
schwer	wirklich schwer	Die Deutscharbeit war wirklich schwer.
eine Drei schreiben	unbedingt eine Drei schreiben	Ich muss unbedingt eine Drei schreiben.
gern	sehr gern	Ich mag dich sehr gern.

3 Nachhilfe

30–31 **a Ordnet und schreibt die Dialoge 2 und 3. Hört zur Kontrolle.**

v Dialog 2

- Hi.
- Ich bin zu Hause. Ich muss lernen, weil ich in Mathe eine Fünf geschrieben habe.
- Ja.
- Nein, Elias kommt gleich und hilft mir in Mathe.

- Alina, hier ist Sophie, wo bist du? Warum kommst du nicht?
- Alina?
- Allein?
- Elias, ach so – Mathe – ich verstehe – o.k.

Dialog 3

- Was? Sag das noch einmal.
- Sag das noch einmal.
- Ich mag dich sehr, Alina.
- Grrrrrrrrrr!

- Ich mag dich noch mehr als sehr. Ich habe dich sehr, sehr, sehr, sehr, sehr gern. Du hast so schöne Augen.
- Ich dich – nicht – sehr.
- Ich liebe dich! Du siehst gut aus! Du bist toll! Und du bist gut in Mathe!

b Hört noch einmal. *Wie* sprechen Elias und Alina? Wählt einen Dialog aus und spielt ihn.

♪ 32 **c Phonetik: das *h* – Hör zu und sprich nach. Welche *h* spricht man nicht?**

Er hilft ihr. Sie hilft ihm. Wir helfen ihnen. Können wir Ihnen helfen?

4 Eine Geschichte erzählen

Wähl Aufgabe A oder B.

A Schreib die Geschichte mithilfe von den Stichworten.

- Tim, Elias, Alina und Sophie – Freunde
- heute – eine Deutscharbeit zurückbekommen haben
- gute Note: Alina – schlechte Note: Elias
- Alina: nicht gut in Mathe
- deshalb: Alina Elias helfen – Elias Alina helfen
- zwei Tage später: Alina mit Sophie einkaufen gehen wollen
- Sophie: alleine im Geschäft sein – Alina: nicht kommen
- deshalb: Sophie ruft Alina an …
- Alina sagt, dass …
- Sophie glaubt, dass …

Tim, Elias, Alina und Sophie sind Freunde. Sie gehen zusammen in die Schule. Heute haben sie eine Deutscharbeit zurückbekommen.

…

B Schreib eine Geschichte wie in A über dich und deine Freunde.

5 Wie ist ein guter Freund, eine gute Freundin?

a Eigenschaften – Welche Adjektive kennst du aus dem Deutschen oder aus anderen Sprachen?

aktiv	freundlich	klug	romantisch	ungemütlich
alt	fröhlich	langweilig	ruhig	unordentlich
arm	gemütlich	lustig	schön	unsportlich
cool	groß	nett	sportlich	unsympathisch
dumm	hässlich	normal	stark	unvorsichtig
ehrlich	interessant	optimistisch	sympathisch	unzuverlässig
faul	jung	pessimistisch	tolerant	vorsichtig
fleißig	klein	reich	traurig	zuverlässig

b Arbeitet in Gruppen und erklärt je 3–5 Adjektive mit Beispielsätzen.

Petra ist sportlich, sie spielt Tennis und macht Gymnastik.

c Wie viele Paare von Adjektiven findest du in der Liste?

jung – alt

TIPP
Adjektive in Paaren lernen.

d Wie soll mein Freund / meine Freundin sein? Wählt fünf Adjektive aus und macht eine Tabelle. Vergleicht in der Klasse.

Meine Freundin muss zuverlässig sein.

+ sehr wichtig	0 nicht so wichtig
ehrlich	

Doch, ich finde das sehr wichtig.

Ich finde wichtig, dass mein Freund sportlich ist.

Fleißig? Ist das wichtig?

Nein, das ist nicht so wichtig!

6 Mein Freund / Meine Freundin und ich

a Lies den Text: Wer ist Moritz? Wer ist Lucas?

Ich heiße Lucas und das ist mein Freund Moritz. Er ist ein bisschen älter als ich. Aber ich bin größer als er und ich bin auch sportlicher. Ich spiele gut Fußball und Volleyball. Er kann besser Mathe als ich und hilft mir oft. Ich helfe ihm in Musik und Deutsch, denn das kann ich besser.

A
15 Jahre, 2 Monate; Mathe: 1, Deutsch: 4
B
15 Jahre, 1 Monat; Mathe: 4, Deutsch/Musik: 1

b Unterstreiche im Text die Adjektive und ergänze das *Denk nach*.

Denk nach

regelmäßig		mit Umlaut (*ä, ö, ü*)		Drei Formen sind ganz unregelmäßig:	
ruhig	ruhiger	groß	größer	gut	...
sportlich	sportlich...	alt	...lt...	gern	lieber
				viel	mehr

c Was sind Unterschiede zwischen dir und deinem Freund / deiner Freundin? Schreib drei Sätze.

7 Gleich und nicht gleich

a Beschreib den Jungen und das Mädchen. Was sagen die beiden?

b Lies das *Denk nach*. Ergänze die Sätze mit: *sportlich – gern – alt – cool*.

Das sagt Niklas:
Meine Freundin Leonie ist ... ... ich.
Sie ist nicht so ... ... ich.
Sie trinkt genauso ... Cola ... ich.
Aber sie ist nicht so ... ... ich.

Mein Freund Niklas ist **größer als** ich.
Er ist **genauso** alt **wie** ich. Wir sind **gleich** alt.
Aber er ist **nicht so** sportlich **wie** ich.

c Was sagt Leonie? Schreib vier Aussagen wie in b.

d Schreib Vergleiche. Sie können auch verrückt sein. Du bestimmst die Adjektive.

Hunde sind stärker als Katzen. Hunde sind genauso schön wie Katzen. Hunde sind nicht so …

Hunde – Katzen	Lehrer – Schüler	ich – mein Vater
Hip-Hop – Jazz	Mädchen – Jungen	Freunde treffen – chatten
Bananen – Äpfel	Fahrräder – Motorräder	chillen – Sport machen
Pizza – Kartoffelsalat	Kino – Fernsehen	… – …

8 Vergleiche in der Schule

Schreib Vergleiche, aber so dass niemand böse ist.

Elias ist genauso fleißig wie Alina.

Joan ist älter als Sandra.

Mathe ist interessanter als …

Luisa ist nicht so nervös wie …

Ich finde den Kunstunterricht …

TIPP

Umlautformen kann man gut mit Gesten lernen. Das funktioniert auch bei Verbformen gut.

groß – *größer*

arm – *ärmer*

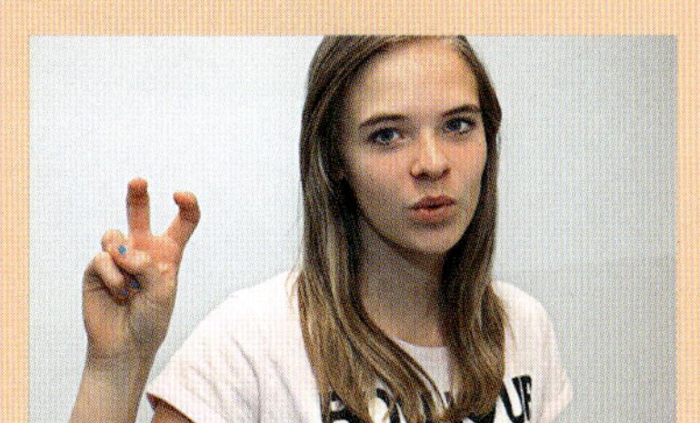

ich fahre – *er fährt* – *er ist gefahren*

9 Forum zum Thema „Freundschaft“

a Lies die Beiträge im Forum. Ordne 1–5 und a–e zu.

Schüler-Forum - Freundschaft Neuer Beitrag andere Foren

toK15:	Hey Leute, ich habe meinen Freund verloren, weil er nicht ehrlich zu mir war. Ich bin traurig und wütend. Was ist ein „Freund“ für euch?
xTine:	Freundschaft heißt, dass man zusammen Spaß hat und Probleme löst. Man muss zuhören können. Hast du mit ihm geredet? Das hilft. Ich weiß, dass Jungs nicht so gerne viel reden. Vielleicht hast du eine gute Freundin und kannst mit ihr sprechen.
pirat07:	So ein Quatsch! Jungs können viel besser helfen. Vielleicht anders als Mädchen. Ich habe seit fünf Jahren drei Freunde. Sie sind zuverlässig und helfen mir immer. Ich helfe ihnen auch. Mit meinen Freunden kann ich alles machen. Du hast doch bestimmt noch andere Freunde. Was sagen die? Rede mit ihnen.
rose8:	Freundschaft heißt, dass die Freundin oder der Freund sieht, dass ich Hilfe brauche. Manchmal bin ich trauriger, manchmal optimistischer … Meine Freundin hilft mir immer. Freunde sind interessant, weil sie anders sind. Ich bin z.B. sehr aktiv und meine Freundin ist viel ruhiger. Sie ist fleißiger als ich, aber ich bin sportlicher. Wir machen viel zusammen, aber wir machen auch ganz verschiedene Sachen.
dabbel3x	Ich finde das alles nicht so wichtig. Ich habe mal mehr und mal weniger Freunde. Wichtig ist, dass man Leute trifft und Spaß haben kann.

1. toK15 hat seinen Freund verloren,
2. xTine meint,
3. pirat07 findet,
4. rose8 findet Freunde wichtig,
5. dabbel3x sagt,

a) weil sie nicht so sind wie man selbst.
b) dass man alles nicht so wichtig nehmen soll.
c) weil der unehrlich war.
d) dass xTine nicht recht hat.
e) dass Jungen nicht gerne über Probleme sprechen.

b Was sind eure Tipps für toK15 ? Sammelt in der Klasse.

c Was ist für euch ein guter Freund? Schreibt einen Chat-Beitrag.

10 Zur Freundschaft gehören Komplimente

33 **a** Hör zu und lies. Von den acht Aussagen sind sechs Komplimente. Welche sind keine?

1. Du siehst heute sehr gut aus. Hast du eine neue Brille?
2. Ich finde es toll, dass du so gut jonglieren kannst.
3. Du bist immer so nervös.
4. Deine Frisur ist super. Wohin gehst du zum Friseur?
5. Vielen Dank, dass du mir hilfst. Du kannst sehr gut erklären.
6. Du hörst dich sehr gern reden, oder?
7. Du kannst viel besser schwimmen als ich.
8. Deine Jeans sehen super aus. Sind die neu?

b Überlegt: Welches Kompliment kann man zu wem sagen? Und zu welcher Situation passt das Kompliment?

11 Die Komplimentmaschine

Schreibt Komplimente auf Zettel. Sammelt, mischt, verteilt und lest vor.

	echt klasse.
	viel netter als mein/en Bruder.
Du bist	viel erwachsener als meine Schwester.
Ich finde dich	so schön/lieb/lustig.
Du kannst	total nett. echt cool. echt klasse.
Mit dir kann ich	sehr gut singen / toll tanzen / gut schreiben …
Dein Kleid/Rock …	lustig sein / so gut reden / viel Spaß haben …
Deine Augen/Haare …	sehen toll/super/… aus.

Du bist viel netter als mein Bruder.

Mit dir kann ich so viel Spaß haben.

12 Weil ich dich brauche …

34 **a** Hör zu. Welche Bilder passen zum Lied von Samuel Reißen?

A

B

C

D

b Hör noch einmal und ordne die Strophen.

1.
Weil ich dich brauche,
weil du mich brauchst,
weil wir uns brauchen,
sind wir Freunde.

2.
Ein Freund ist ein Freund,
was auch passiert.
Es ist schrecklich,
wenn man Freunde verliert.

3.
Ich bin gut drauf,
aber dir geht's nicht gut.
Ich helfe dir,
denn wir sind Freunde.

4.
Dir geht es gut,
aber ich bin schlecht drauf.
Du hilfst mir,
denn wir sind Freunde.

5.
Du bist für mich da.
Ich bin für dich da.
Wir sind für uns da,
denn wir sind Freunde.

6.
Ein Freund ist ein Freund,
was auch passiert.
Es ist schrecklich,
wenn man Freunde verliert.

Projekt

Sammelt Bilder zum Thema Freundschaft und schreibt kurze Texte dazu.

+ Gestaltet Power-Point-Seiten oder ein Plakat.

Über Freundschaft sprechen

Meine Freundin muss zuverlässig sein.
Ich finde (nicht) wichtig, dass mein Freund sportlich ist.
Fleißig? Ist das wichtig? – Nein, das ist nicht so wichtig. – Doch, ich finde das sehr wichtig.
Freundschaft heißt, dass man zusammen Spaß hat und Probleme löst.

Um Hilfe bitten / Hilfe anbieten

Hilf mir, bitte!
Kannst du mir in Deutsch helfen? – Klar, ich helfe dir gerne.
Können Sie uns bitte die Regel erklären?

Eigenschaften benennen und vergleichen

Mein Freund ist größer als ich / genauso groß wie ich / gleich groß / nicht so groß wie ich.
Er kann besser Mathe als ich und hilft mir oft.

Komplimente machen

Du siehst gut aus.
Ich finde es toll, dass du so gut Deutsch kannst.
Du kannst sehr gut erklären.

Außerdem kannst du …

… einen Chat und ein Lied zum Thema „Freundschaft“ verstehen.
… eine Geschichte erzählen und einen Chat-Text schreiben.

Grammatik — kurz und bündig

Personalpronomen im Dativ

ich	du	er/es	sie	wir	ihr	sie/Sie
mir	dir	ihm	ihr	uns	euch	ihnen/Ihnen

Verben mit Dativ und Akkusativ

Viele Verben können zwei Objekte haben:
Dativ (Person) und Akkusativ (Sache):

	Dativ (Person)	Akkusativ (Sache)
Er erklärt	ihr	Mathe.
Sie erklärt	ihm	Deutsch.

Nach einigen Verben steht immer Dativ,
z.B: *helfen:*
Ich helfe **dir** in Mathe. Er hilft **mir** in Deutsch.

Frage für den Dativ: Wem?

Komparativ

regelmäßig		mit Umlaut		unregelmäßig	
sportlich	sportlich**er**	groß	gr**ö**ß**er**	gut	**besser**
ruhig	ruhig**er**	alt	**ä**lt**er**	gern	**lieber**
hübsch	hübsch**er**	klug	kl**ü**g**er**	viel	**mehr**

Vergleiche

Mein Freund ist gr**ö**ß**er als** ich.
Er ist **genauso** alt **wie** ich. Wir sind **gleich** alt.
Aber er ist **nicht so** sportlich **wie** ich.

Spielen und wiederholen

Kopf oder Zahl? – Ein Spiel für 2–4 Personen.
Alle haben eine Münze. Spieler/in 1 wirft die Münze:

Dann löst er/sie Aufgabe A oder B:

Kopf = 2 Schritte nach vorn.
Zahl = 1 Schritt nach vorn.
Richtig? Er/sie kann bleiben.
Falsch? 1 Schritt zurück.

Wer ist am schnellsten am Ziel?

A	START	B
Ich war im Sommer mit mein… Eltern und mein… Schwester zwei Wochen in Griechenland.	1	Was ist für junge Leute beim Thema „Freundschaft" wichtig? Nenne 3 Punkte.
Wie heißt der Spruch? „Mit *ver-*, *er-*, *be-* und *–ieren* kein … notieren!"	2	Komparative: *mehr, dümmer, lieber*. Wie heißen die Adjektive?
Gut, groß, vorsichtig im Komparativ.	3	Nenne 4 Adjektive mit *un-* am Anfang.
Richtig oder falsch? – In Deutschland machen Schüler ein Betriebspraktikum. Sie gehen in die Berufsschule.	4	Mein Bruder mag kein Gemüse und keinen Fisch. Aber Pommes, Pizza, Hamburger schmecken … .
Vor 10 Jahren w… Andrea Tennisprofi werden. Heute ist sie Sportlehrerin an einer Schule.	5	Anke möchte Tierärztin werden, weil … liebt / sie / Tiere / .
Welches Land ist kein Nachbar von D, A oder CH: Frankreich, Italien, Spanien?	6	Einen Lernplan machen. Gib zwei Tipps.
Nenne das Partizip von *erzählen, ankommen, verkaufen, telefonieren*.	7	gut ≠ schlecht, faul ≠ …, hässlich ≠ … ungemütlich ≠ …, langweilig ≠ …
5 Berufe männlich und weiblich: *Lehrer und Lehrerin, …*	8	Mein Bruder ist nicht so sportlich … ich.
Was ist richtig? Mönch, Jungfrau und Eiger sind Berge in der Schweiz / in Österreich.	9	Weil wir kein Brot mehr hatten, m… ich zum Bäcker laufen.
Sascha möchte Arzt werden, weil er …	10	Wie heißt der Spruch? „In Vonseitnachzu und Ausbeimit bleibt man …
Auf die letzte Klassenparty k… Maria und ich nicht gehen. Wir waren beide krank.	11	Jenny hofft, dass … in 10 Jahren / ist / sie / Popsängerin / .
Wie ist ein guter Freund / eine gute Freundin nicht? 4 Adjektive.	12	Effektiv lernen: Gib 2 Tipps.
Ergänze: Laura schwimmt besser … ich.	13	Deine letzten Ferien. Wie war das Wetter?
Wie waren deine letzten Ferien: ☺ oder ☹ ?	14	Hilfst du m… in Mathe, dann helfe ich d… in Deutsch.
Anna sagt, dass … werden / sie / möchte / Friseurin /.	15	Wie ist ein guter Freund / eine gute Freundin? 4 Adjektive.
	ZIEL	

Fragen-Spiel

Phase 1

Arbeitet in 4 Gruppen (A–D).
Jede Gruppe notiert in 5 Minuten so viele Fragen wie möglich zum Thema „Vorstellung“: Name, Hobby, Familie, Schule, …

Phase 2

Gruppe A stellt eine Frage an Gruppe B.
B antwortet und stellt Gruppe C eine Frage, usw.
Keine Frage darf doppelt vorkommen.
Welche Gruppe hat die meisten Fragen?

Mündliche Prüfung: Fit A2, Teil 1

35–37 Ihr hört die mündliche Prüfung mit Bert und Berta zweimal.

1. am Montagmorgen um 8 Uhr
2. am Mittwochvormittag um 11 Uhr.

a Wo passt das Bild? Zu 1 oder 2?

b Welche Prüfung ist besser? Warum?

c Hört Version 2 noch einmal. Könnt ihr ein paar Fehler finden?

d Ergänze den Lerntipp.

laut – deutlich – Ein-Wort-Antworten – interessant.

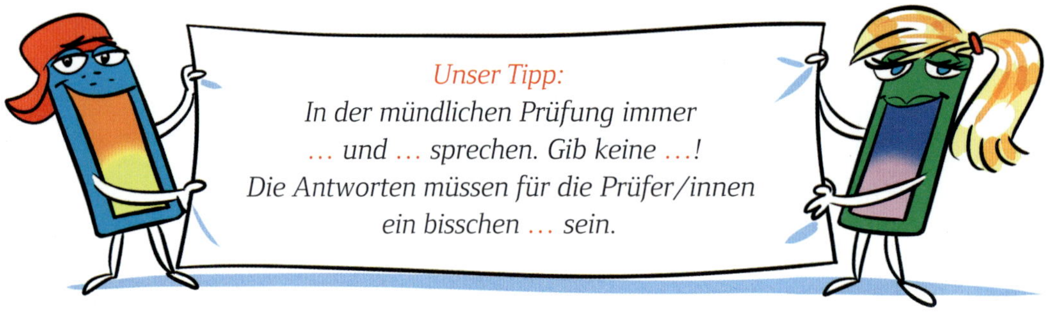

e Spielt die mündliche Prüfung. – Arbeitet in Gruppen zu viert. Schreibt die Themen auf Kärtchen. Zwei sind Prüfer/innen zwei sind Schüler/innen. Die Schüler/innen ziehen jede/r drei Karten. Dann beginnt die mündliche Prüfung. Die Prüfer/innen sagen, was in der Prüfung besonders gut war.

Sprechen Teil 1
Thema: Sich vorstellen
Geschwister?

Sprechen Teil 1
Thema: Sich vorstellen
Wohnort?

Sprechen Teil 1
Thema: Sich vorstellen
Freunde?

Sprechen Teil 1
Thema: Sich vorstellen
Sprachen?

Sprechen Teil 1
Thema: Sich vorstellen
Geburtstag?

Sprechen Teil 1
Thema: Sich vorstellen
Land?

Sprechen Teil 1
Thema: Sich vorstellen
Hobby?

Sprechen Teil 1
Thema: Sich vorstellen
Lieblingsfach?

Eine Theaterszene

Horst Pillau: Der Babysitter

38 **Der Junge (möglichst klein) steht vor der Wohnungstür, drückt auf einen imaginären Klingelknopf und läutet Sturm. Die Frau kommt ärgerlich heran und öffnet die (ebenfalls imaginäre) Wohnungstür.**

Frau: Junge! Wenn nicht sofort aufgemacht wird, muss man doch nicht gleich Sturm läuten!
Junge: Tja, das ist Temperamentsache.
Frau: Was willst du überhaupt?
Junge: Ich bin der Rainer. Sie haben mich doch für heute Abend bestellt.
Frau: Ich dich? Wozu?
Junge: Ich bin der Sitter.
Frau: Was für ein Sitter?
Junge: Der Babysitter.
Frau: Du? Du brauchst doch selber noch einen.
Junge: Na, erlauben Sie mal, Frau Paget. Auf solche Scherze reagier ich empfindlich.
Frau *unglücklich:* Ich dachte, Herr Benndorf schickt mir einen viel älteren Jungen ... besser noch ein Mädchen.
Junge: Ich dachte, es gibt so was wie Gleichberechtigung.
Frau: Das schon ... natürlich ... aber Mädchen können wohl besser mit Babys umgehen ...
Junge: Diese Ansicht ist aber sehr überholt, Frau Paget. Heute sind es die Männer, die mehr auf Kinder stehen als die Frauen.
Frau: Ja, Männer ... aber du ...
Junge: Ich bin sehr kinderlieb.
Frau: Hm ... bist du nicht etwas zu energisch für ein Baby ... wenn ich an dein Klingeln denke ... Was machst du denn zum Beispiel, wenn mein Mann und ich weggehen?
Junge: Da wird zuerst mal gewindelt.
Frau: Du windelst?
Junge: Ich windle wie nichts. Reine Routinesache.
Frau: Worauf muss man dabei achten?
Junge: [...]

Was ihr mit dem Text tun könnt:

1. Die Szene lesen, hören und verstehen. Den neuen Wortschatz selbst erarbeiten.
2. Mit verteilten Rollen lesen und den Sketch spielen.
3. Den Sketch weiterschreiben: Herr Paget kommt nach Hause. Was sagt er?
4. Diskutieren: Jungs als Babysitter, geht das? (evtl. auch in eurer Muttersprache)

Wie war's in den Ferien?

1 Vor dem Sehen

a Das sind Kiki, Jan und Tessa. Die drei sprechen über ihre Ferien. Schaut die Fotos A–C an. Was haben Jan, Tessa und Kiki in den Ferien gemacht? Welcher Satz passt zu welchem Foto.

1. Jan war am Meer.
2. Kiki war in der Schweiz beim Matterhorn.
3. Tessa war in den Bergen zum Klettern.

b Thema „Klettern" – Diese Wörter helfen euch beim Verstehen.

sich dehnen und sich lockern

das Seil
der Helm
der Hüftgurt
der Beckengurt

2 Beim Sehen

a Lies den Text und sieh dann das Video an.

Die Reporterin Simone war beim Klettern. Klettern ist gefährlich. Man muss gut aufpassen. Sie zeigt, was man für die Sicherheit tun muss. Anfänger klettern immer am „top-rope". So kann kein Unfall passieren.

b Korrigiere die Aussagen.

1. Tessa war mit ihren Eltern in den Dolomiten.
2. Sie hat Bergtouren bis auf 4000 Meter gemacht.
3. Das Wetter war schlecht.
4. Jan war am Mittelmeer.
5. Es war zu heiß.
6. Jan hat fast nichts gemacht.
8. Kiki war in Österreich.
9. Sie mag die Berge nicht.

3 Nach dem Sehen

Sammelt andere Sportarten.
Was ist gefährlich und was nicht?

Ich war schon mal tauchen.

Ich finde, dass Tauchen gefährlich ist.

Was möchtest du mal werden?

1 Vor dem Sehen

a Was möchtet ihr mal werden? Sammelt Ideen.

b Kennt ihr diese Berufe? Schlagt die unbekannten Berufe im Wörterbuch nach.

Lehrer/-in – Journalist/-in – Arzt/Ärztin – Polizist/-in – Koch/Köchin – Erzieher/-in – Krankenpfleger/Krankenschwester – Elektriker/-in – Hausmann/Hausfrau – Solartechniker/in – Reporter/in – Schreiner/in – Manger/-in – Touristikkaufmann/-kauffrau

2 Beim Sehen

a Seht euch Teil 1 mindestens zweimal an.

– Welche Berufe aus 1a zeigen die Bilder?

– Welche Berufe passen zu Tessa, Jan und Kiki?

Zu … passt … weil sie …

Sie sagt, dass …

Merle will …, weil …

b Teil 2 – Das Berufspraktikum in der Autoproduktion – Was machen die Jugendlichen im Praktikum zuerst und was danach. Ordne die Aussagen und schreibe die Zusammenfassung.

1. Am ersten Tag hat ein Ingenieur einen Motor erklärt.
2. Am Schluss sind die Schüler in die Motorenproduktion gegangen.
3. Dann sind die Schüler in die Produktion gegangen.
4. Das Praktikum war eine Woche lang.
5. Die Arbeit war nicht sehr kompliziert, und die Fabrikhallen waren alle sehr sauber.
6. Die Jugendlichen haben ein Praktikum in der Autoproduktion gemacht.
7. Und sie haben auch ein bisschen gearbeitet.

3 Nach dem Sehen

Ein Praktikum in eurer Schule.

Was kann man den Praktikanten zeigen?

Was können sie ausprobieren?

Macht eine Praktikumsprogramm für zwei Tage.

Freundschaft

1 Vor dem Sehen

a Schaut die vier Bilder an. Sie erzählen eine Geschichte. Notiert 3 Minuten lang Wörter und Ideen zu den Bildern. Sammelt dann in der Klasse.

2 Beim Sehen

a Seht zuerst ohne Ton und notiert dann Wörter und Ausdrücke zu den Bildern.

b Welche Musik erwartet ihr: laut, leise, aggressiv, romantisch, schnell, langsam …

c Seht die Szene jetzt mit Ton. Achtet auf die Musik und die Bilder.

Wie ist die Musik am Anfang?

Wie ist sie in der Mitte?

Wie ist sie am Ende?

3 Nach dem Sehen

Arbeitet in Gruppen und wählt aus:

– Schreibt die Geschichte.

– Schreibt und spielt den Streit.

– Schreibt und spielt das Telefonat von Kiki und mit ihrer Freundin.

– Schreibt und spielt das Telefonat von Jan mit Kikis Freundin.

– Schreibt und spielt die Szene im Geschäft.

– Überlegt: Kiki will sich nicht wieder versöhnen. Wie verläuft das Gespräch?

Bilder und Töne

Das lernst du

- Über Medien sprechen
- Sagen, was man darf / nicht darf
- Bedingung und Zeit nennen (*wenn*)
- Anweisungen weitergeben

Ein Tag im Leben von Luisa

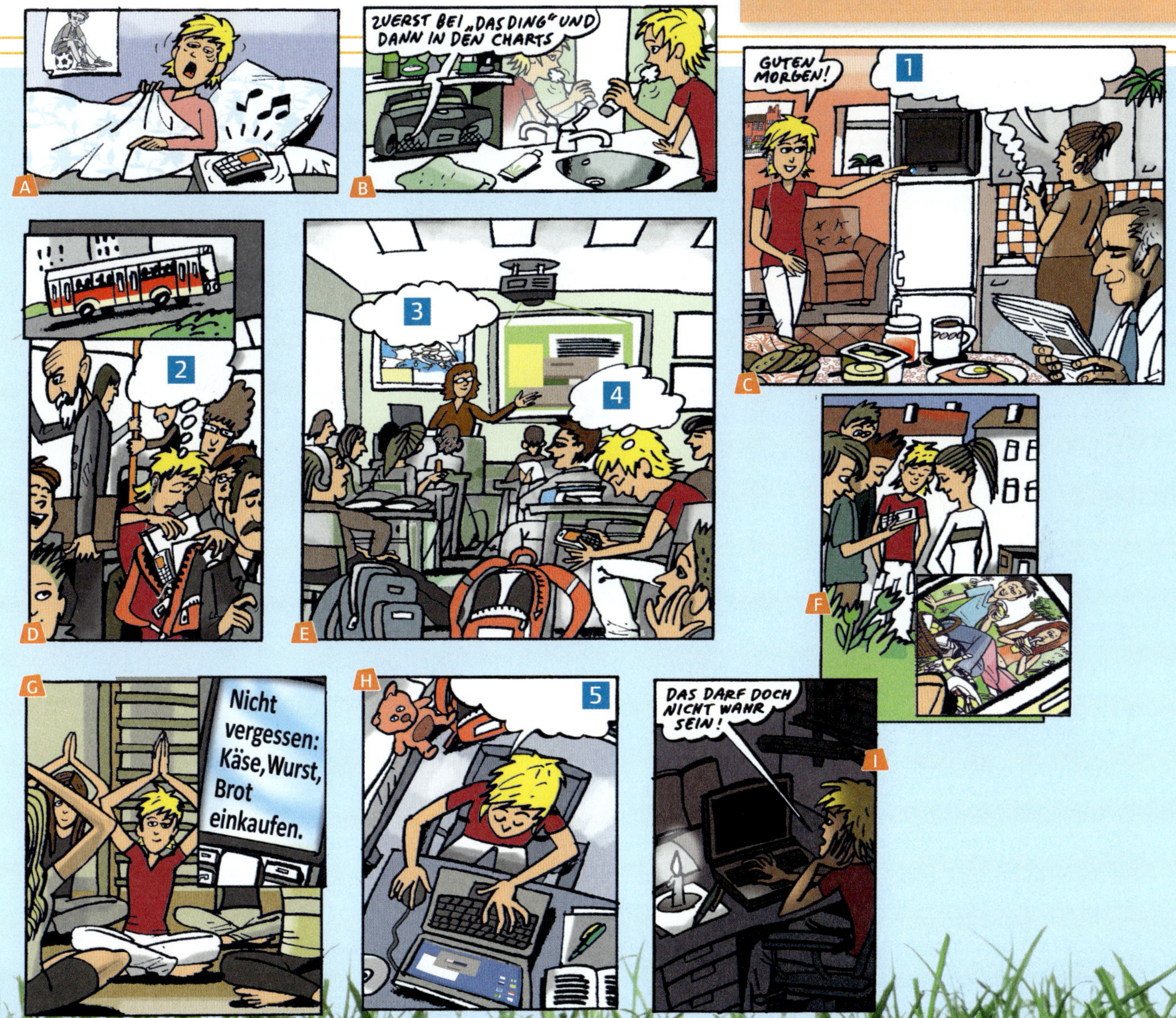

Beschreibt die Bilder. Hört dann die Geschichte und ordnet die Sprechblasen zu. 39

Luisa, der Fernseher bleibt aus! Du sollst in Ruhe frühstücken!

Ich muss die Datei heute noch abschicken.

Theo, gib mir den Kopfhörer!

Mist, ich habe Englisch vergessen.

Jan ist ein Schatz!

1 Ein Tag – viele elektrische Geräte

a Bring die Texte in die richtige Reihenfolge. Ordne sie dann den Bildern auf Seite 35 zu.

1 Pause – Jan zeigt mir seine Fotos vom Klassenausflug auf seinem Handy. Wer ist denn das? Ein Mädchen hat meinen Jan im Arm. Hey, Finger weg! Das darfst du nicht!

2 Es ist 6 Uhr, mein Handy klingelt. Es spielt mein Lieblingslied. Was für ein Tag! Die Sonne scheint, aber ich darf nicht ins Schwimmbad. Ich muss in die Schule.

3 Mittagspause: Erst Kantine, dann Yoga. Das tut mir gut. Eine halbe Stunde totale Ruhe, kein Bildschirm, kein Handy. Das finde ich echt gut. Danach muss ich gleich meine Nachrichten checken. Nachricht von Mama: Ich soll auf dem Weg nach Hause noch etwas einkaufen. Ich wollte doch zu Jan gehen. Mist!

4 Ich mache meine Hausaufgaben am Laptop. Die Datei mit dem Aufsatz muss ich an Frau Strunz schicken. Sie will den Text heute Abend lesen. Ich darf nicht vergessen, dass ich ihn auch ausdrucken muss. Nach den Hausaufgaben darf ich noch ein bisschen fernsehen.

5 Es ist 7 Uhr 30. Ich sitze im Bus und höre Musik. Da fällt mir ein, dass ich die Englischhausaufgaben vergessen habe. Mist, ich wollte doch die neue App ausprobieren. Ich lese schnell den Text und lerne die Wörter.

6 Ich gehe ins Bad und mache das Radio an. Beim Zähneputzen – meine Zahnbürste ist elektrisch – höre ich *Das Ding*, das ist mein Lieblingssender im Radio.

7 Da passiert es. Licht aus, Fernseher aus. Alles ist dunkel. Stromausfall! Das darf nicht wahr sein! Wo finde ich eine Kerze? Wo sind die Streichhölzer? Gott sei Dank funktioniert der Laptop noch.

8 Frühstück: Papa sitzt schon da und liest die Zeitung. Ich mache den Fernseher an. Mama macht ihn aus. Sie erlaubt nicht, dass ich morgens fernsehe. Sie meint, dass ich mehr Zeitung lesen soll. Ich höre lieber *Das Ding*. Mama merkt nicht, dass ich einen Ohrhörer im Ohr habe.

9 Zweite Stunde: Geschichte. Max und Emily halten ihren Vortrag: „Geschichte der Europäischen Union". Ich mag Geschichte. Die Hälfte von der Klasse schläft. Theo ist so dumm. Er hat bei Frau Merz im Unterricht Musik gehört. Natürlich musste er sein Handy abgeben und hat eine Strafarbeit bekommen. Mein Handy klingelt. Ich habe es auf Vibrationsalarm gestellt. Wir dürfen unsere Handys im Unterricht nicht anschalten. Eine Nachricht von Jan. Er ist so lieb.

39 **b** Hör noch einmal zur Kontrolle.

V **c** Schreibt Fragen zum Text. Fragt und antwortet in der Klasse.

Wo hört Luisa Musik?

Im Bett und im Badezimmer.

Das ist richtig. Wo noch?

Was fällt ihr in der Straßenbahn ein?

2 Ich darf ...

a Vergleiche Luisa mit dir. A liest einen Satz vor, B antwortet.

1. Luisa darf am Wochenende bis 10 Uhr weggehen.
2. Luisa darf keine Computerspiele spielen.
3. Luisa darf abends bis 10 Uhr fernsehen.
4. Luisa darf jeden Monat zweimal ins Kino gehen.
5. Luisa darf in der Schule ihr Handy nicht benutzen.
6. Luisa darf am Wochenende bei ihrer Freundin schlafen.
7. Luisa darf morgens nicht fernsehen.

*Abends **darf** Luisa ein bisschen **fernsehen**.*

dürfen	Präsens	Präteritum
ich	darf	durfte
du	darfst	durftest
er/es/sie/man	darf	durfte
wir	dürfen	durften
ihr	dürft	durftet
sie/Sie	dürfen	durften

b Schreibt vier Fragen. Arbeitet zu zweit. Fragt und antwortet.

Durftest du mit vier Jahren ...?
Ab wann durftest du ...?

c Berichtet in der Klasse.

3 Technikwörter

Welche Verben und Nomen passen zusammen? Es gibt mehrere Möglichkeiten.

*hoch*laden

*runter*laden

*an*schalten/*aus*schalten

öffnen

*runter*laden *hoch*laden surfen *an*sehen
machen *an*machen *aus*machen hören
schreiben lesen klingeln checken
schicken öffnen schließen starten

die SMS die E-Mail die Nachricht die Datei
die Homepage das Smartphone der Laptop
das Internet der Brief die App die MP3-Datei
der Film das Foto das Tablet das Handy

b Schreib Sätze wie im Beispiel.

Ich surfe im Internet.

4 Phonetik: englische Wörter im Deutschen

40 **So spricht man die Wörter auf Deutsch – Hör zu und sprich nach.**

1. der Computer, der Laptop und das Tablet
2. das Internet, die Homepage und die E-Mail
3. das Handy, das Smartphone und die App
4. die DVD, die Blu-ray und die MP3-Datei
5. surfen, chatten

5 Hören – Interview mit Johnny

41 **a Hör zu. Zwei Aussagen sind falsch. Welche?**

1. Johnny surft täglich 90 Minuten im Internet.
2. Er sieht jeden Tag 60 Minuten fern.
3. Er hört jeden Tag drei Stunden Musik.
4. Er liest nie ein Buch.
5. Er spielt nie Computerspiele.
6. Er geht zweimal pro Monat ins Kino.

b Radio, Fernsehen, Zeitung … – Was nutzt ihr wie oft? Macht eine Klassenstatistik.

fernsehen – ins Kino gehen – Musik hören – ein Buch lesen – eine Zeitung oder eine Zeitschrift lesen

	täglich	einmal pro Woche	einmal pro Monat	nie
im Internet recherchieren	𝍸			
im Internet einen Film sehen				
Computerspiele spielen				
…				

Wer sieht nur einmal pro Monat fern?

Wer recherchiert täglich im Internet?

Wer spielt nie Computerspiele?

nur wenige
manche / einige
viele
die meisten
alle

c Sprecht über die Klassenstatistik.

Die Statistik zeigt, dass nur wenige jeden Tag …

6 Wenn ich Zeit habe, …

a Was hat Johnny gesagt? Ordne zu und ergänze das *Denk nach*.

1. Wenn ich am Wochenende Zeit habe,
2. Wenn ich die Hausaufgaben fertig habe,
3. Immer wenn es möglich ist,

a) darf ich fernsehen.
b) höre ich Musik.
c) lese ich Zeitschriften.

Denk nach

Position 1	Position 2	
Wann	liest	du?
Wenn ich am Wochenende Zeit …,	…	ich.

b Schreib *wenn*-Sätze.

1. ich / Geld haben – immer / Computerspiele kaufen
2. meine Mutter / nach Hause kommen – sie / ihre E-Mails checken wollen
3. mein Vater / Zeit haben – wir / zusammen ein Computerspiel spielen
4. ich / Informationen brauchen – ich / im Internet recherchieren
5. ich / von der Schule nach Hause kommen – ich / erst Hausaufgaben machen müssen
6. meine Schwester / kein Internet haben – sie / ganz nervös werden

1 Wenn ich Geld habe, kaufe ich immer Computerspiele.

c Fragt und antwortet mit *wenn*-Sätzen.

Was machst du, wenn du zu Hause nicht fernsehen darfst?

7 Fernsehen

a Schau die Bilder an. Welche Fernsehsendungen kennst du?

1

die Fernsehserie

2

die Nachrichten

3

der Wetterbericht

4

der Tierfilm

5

die Sportsendung

6

der Krimi

7

die Zeichentrickserie / die Comicserie

8

die Talkshow

9

die Castingshow

42 **b** Du hörst Töne aus vier Fernsehsendungen. Notiere die Nummer aus 7a.

43 **c** Hör zu und notiere. Was sehen deutsche Jugendliche gerne im Fernsehen?

d Welche Sendungen kannst du in deinem Land sehen?

⊕ **e** Was siehst du gerne / nicht gerne im Fernsehen?
Was sehen deine Geschwister und Eltern gerne / nicht gerne?
Macht Partnerinterviews und berichtet.

> **i** **Deutsche Fernseh- und Radiosender**
> Die größten deutschen Fernsehsender sind heute die öffentlich-rechtlichen Sender *Das Erste* und das *ZDF* (Zweites Deutsches Fernsehen). Daneben gibt es zahlreiche private Fernsehsender.
> Die öffentlich-rechtlichen Fernseh- und Radiosender in Österreich und in der Schweiz heißen *ORF* (Österreichischer Rundfunk) und *SRF* (Schweizer Radio und Fernsehen). Viele deutschsprachige Fernsehsender haben heute eine Mediathek. Dort kann man zahlreiche Fernsehbeiträge ansehen.

Ich sehe gerne ..., weil ...
Meine Eltern sehen auch gerne ..., weil ...
Ich finde, dass ...

sehe nicht gerne / überhaupt nicht gerne
sehen lieber / nicht gerne

8 Du sollst …

a Sieh das Bild an. Was passiert hier? Sammelt in der Klasse.

44 **b** Hör den Dialog. Wie spricht Andy? Wie spricht die Mutter?

c Lies den Dialog. Ergänze das *Denk nach* und dann die Sätze 1–4.

- ● Andy, hast du die Spülmaschine ausgeräumt?
- ■ Mache ich gleich.
- ● Ich habe dir auch schon vor einer Stunde gesagt, dass du dein Zimmer aufräumen sollst.
- ■ Immer ich. Tarik soll auch mal was machen.
- ● Und hast du deine Hausaufgaben gemacht?
- ■ Gleich. Ich fange gleich an!
- ● Ihr sollt doch bis morgen das Referat machen.
- ■ Ja, ist ja gut – ich fange ja gleich an.
- ● Jetzt ist aber Schluss! Mach sofort den Computer aus. Heute und morgen kein Fernsehen, kein Computer!
- ■ Und was soll ich dann machen?
- ● Du sollst: die Spülmaschine ausräumen, deine Hausaufgaben machen, dein Zimmer …

1. Andy … die Spülmaschine …
2. Andys Mutter ist böse, weil …
3. Andy hat sein Zimmer …
4. Sie sagt, dass Andy heute und morgen …

Denk nach

sollen

ich	soll
du	soll…
er/es/sie/man	soll…
wir	sollen
ihr	soll…
sie/Sie	sollen

d Anweisungen weitergeben. Ergänze die Sätze 1–7 mit *sollen* wie im Beispiel.

1. Lehrer: Mach das Handy aus!	Ich habe gesagt, dass du …
2. Mutter: Mach den Computer aus!	Meine Mutter sagt, dass ich …
3. Schwester: Gib mir mein Smartphone zurück!	Ich habe dir gestern gesagt, dass du …
4. Lehrer: Ihr macht die Präsentation am Montag.	Herrn Klein sagt, dass wir …
5. Freund: Ruft mich nicht nach 10 Uhr an.	Ich habe so oft gesagt, dass ihr …
6. Andy: Hilf mir bitte.	Andy hat gesagt, dass ich …
7. Vater: Surft nicht so viel im Internet!	Papa hat gesagt, dass wir …

Ich habe gesagt, dass du das Handy ausmachen sollst.

9 Ich habe dir gesagt …

45 **a** Nachfragen – Hör zu und sprich nach.

b Spielt Minidialoge.

Mach dein Handy aus!

Was hat sie gesagt?

Sie hat gesagt, dass du dein Handy ausmachen sollst.

c Variiert und spielt den Dialog aus Aufgabe 8.

10 Sorgen-Chat

a Beschreibt die Bilder. Was passiert? Was sind die Unterschiede?

b Lies die Nachricht. Ordne ein passendes Bild und eine Überschrift zu.

A

B

C

1 Computersüchtig!

2 Lass mich in Ruhe!

3 Ich liebe dich!

mein Kummerkasten.org

VON: SuperGirl

Hallo, liebes Team.
Ich habe ein großes Problem. Ich bin mit meinem Freund schon über ein halbes Jahr zusammen. Seit ein paar Wochen spielt er dauernd Online-Spiele. Er spielt auch, wenn ich bei ihm bin. Ich finde Computerspiele blöd. Ich möchte gerne ins Kino gehen, Freunde treffen oder in die Stadt zum Shoppen gehen. Aber wenn ich das sage, dann wird er sauer. Das ärgert mich und macht mich traurig. Aber das versteht er nicht. Manchmal sitzt er drei Stunden vor dem Laptop, wenn ich da bin. Und wenn wir unterwegs sind, spielt er auf dem Handy weiter. Ich habe ihn gefragt: Was machst du, wenn du zwischen Computerspielen und Freundin wählen musst? Er findet die Frage blöd. Liebt er mich überhaupt? Ich habe schon oft geweint. Merkt er es erst, wenn ich ihn verlasse? Helft mir!

c Lies noch einmal und entscheide für 1–8: richtig, falsch, ich weiß nicht (?).

1. SuperGirl ist glücklich.
2. Sie hat einen Freund.
3. Der Freund ist 15 Jahre alt.
4. Er hat einen Computer.
5. Er geht gerne ins Kino.
6. Sie spielt mit ihm ein Computerspiel.
7. Der Freund sitzt Stunden vor dem Computer.
8. Der Freund findet SuperGirl blöd.

d Eure Meinung.
Was können oder müssen SuperGirl und der Junge tun? Sammelt Ideen.

Ich meine, SuperGirl kann …

Der Junge darf nicht … oder SuperGirl muss …

e Schreib deine Antwort an SuperGirl.

Über Medien sprechen

Wie oft bist du im Internet?
Die meisten lesen Zeitschriften.
Einige lesen Zeitung.
Nur wenige lesen jeden Tag.

Jeden Tag zwei Stunden.
Einmal pro Woche.
Selten.
Fast nie.

Sagen, was man darf / nicht darf

Wie lange darfst du weggehen?
Mein Bruder darf nicht so lange weggehen.
Mit 12 Jahren durfte ich auch noch nicht abends weggehen.

Am Wochenende darf ich bis 10 Uhr weggehen.

Der Junge darf nicht immer vor dem Computer sitzen.
SuperGirl kann ihren Freund verlassen, wenn er keine Zeit für sie hat.

Bedingung und Zeit nennen (*wenn*)

Wenn ich die Hausaufgaben fertig habe, darf ich fernsehen.
Wenn ich Zeit habe, (dann) chatte ich mit meinen Freunden.

Anweisungen weitergeben

Ich habe dir gesagt, dass du dein Zimmer aufräumen sollst.
Papa hat gesagt, dass ich nicht so viel im Internet surfen soll.

Außerdem kannst du …

… ein Interview verstehen.
… einen Text über Fernsehen schreiben.

Grammatik kurz und bündig

Modalverben *dürfen* und *sollen*

Infinitiv	dürfen		sollen
	Präsens	Präteritum	Präsens
ich	darf	durfte	soll
du	darfst	durftest	sollst
er/es/sie/man	darf	durfte	soll
wir	dürfen	durften	sollen
ihr	dürft	durftet	sollt
sie/Sie	dürfen	durften	sollen

Sätze mit *wenn* … (*dann*)

Position 1	Position 2	
Wann	liest	du?
Wenn ich Zeit **habe**, (dann)	lese	ich.
Ich	lese,	**wenn** ich Zeit **habe**.

5

Zusammen-leben

Das lernst du

- Über Gefühle sprechen
- Streiten und Kompromisse finden
- Regeln formulieren

Auf Bild A sieht man …

Ich denke, die Fotos zeigen …

Sieh die Fotos genau an und beschreibe sie.

Hör zu. Was erzählt Miri? Mach Notizen und berichte. 46

Miriam, 15
aus Kassel

Miriam sagt, dass sie aus Kassel ist. Sie ist seit …

1 Die Carl-Strehl-Schule in Marburg

a Lies den Text. Notiere zu jedem Foto eine Information aus dem Text.

Bildergalerie Carl-Strehl-Schule Marburg **Impressum** **Kontakt**

Die Carl-Strehl-Schule ist eine besondere Schule. Sie liegt in der Mitte von Deutschland, in Marburg, und ist das einzige Gymnasium für blinde und sehbehinderte Schülerinnen und Schüler in Deutschland. Die Schüler können ab Klasse 5 die Schule besuchen und dort nach 9 Jahren das Abitur machen.

Die Schule bietet neben dem Gymnasium aber noch eine Reihe anderer Schulformen an, z. B. Fachoberschulen und eine Berufsschule.

Die Schüler kommen aus ganz Deutschland und wohnen im Internat. Das Internat ist nicht in der Schule. Es gibt mehr als 40 Wohngruppen in der ganzen Stadt Marburg. In jeder Wohngruppe wohnen 4–8 Schüler und Schülerinnen. Sie müssen jeden Morgen selbstständig zur Schule gehen.

Die Schüler lernen in der Schule die ganz normalen Schulfächer. Zusätzlich haben sie Unterricht in Blindenschrift, Orientierung und Mobilität (Wie komme ich vom Wohnheim zur Schule und …?), lebenspraktischen Fähigkeiten (aufräumen, ordnen, Essen machen usw.) sowie Computer. Diese Fächer sind für die blinden und stark sehbehinderten Schüler besonders wichtig.

Die Carl-Strehl-Schule bietet viele Freizeitaktivitäten. Die Schüler können Sport machen (reiten, Ski fahren, Fußball spielen, Judo …). Sie können auch Theater spielen, im Chor singen oder in einer Band spielen.
Die Carl-Strehl-Schule ist eine „europäische Schule". Sie organisiert schon seit mehr als 30 Jahren Schüleraustauschprogramme mit England, Frankreich, Polen und anderen Ländern.

Mehr: www.blista.de

b **Lies noch einmal und beantworte die Fragen.**

1. Wo liegt die Carl-Strehl-Schule?
2. Wer geht in die Carl-Strehl-Schule?
3. Was lernen die Schüler in dieser Schule?
4. Wo wohnen die Schüler?
5. Was machen die Schüler in ihrer Freizeit?

c **Wortschatztraining: Suche im Text Komposita mit diesen Wörtern.**

praktisch – sehen – behindert – blind – wohnen – das Leben – der Austausch – der Schüler – die Aktivität – die Schule – die Freizeit – das Heim – der Beruf – die Schrift – das Programm

lebenspraktisch

i Marburg ist eine alte deutsche Universitätsstadt. Sie hat 80 000 Einwohner und davon sind fast 20 000 Studenten.
Die Stadt liegt ungefähr 90 km nördlich von Frankfurt am Main.

2 Interview mit Katha

47 **Hör zu und notiere für 1–5: richtig oder falsch.**

1. Katha ist 15 und geht in Klasse 10.
2. Katha lernt Gitarre in der Musikschule von Marburg.
3. Katha spielt in einer Band mit anderen blinden Jugendlichen.
4. Beim Musikmachen spielt Kathas Blindheit keine Rolle.
5. Bei dem Song „Durchblick“ geht es um die Probleme von Blinden.

3 Fragen zur Carl-Strehl-Schule

a Lies die Fragen und ergänz das *Denk nach*.

Welche Fächer gibt es in der Blindenschule?
Welche Fächer gibt es in anderen Schulen nicht?
Welche Probleme gibt es?
In welcher Stadt … ?
Welche Freizeitaktivitäten …?

b Schreibt Fragen zum Text und zum Interview. Fragt und antwortet.

Denk nach

welch…, jed…, dies…
Die Endungen sind wie bei *der/das/die*.

Welche Fächer gibt es?
In welch… Stadt wohnt Katha?
Dies… Fächer sind für Blinde sehr wichtig.
In jed… Wohngruppe wohnen 4–8 Schüler.

4 Orientierung und Mobilität – Ein Versuch

a Eine/r verbindet sich die Augen. Die anderen dirigieren sie/ihn durch die Klasse, z. B. von der Tür bis zum Fenster.

b Wie habt ihr euch gefühlt?

Ich war sehr unsicher.

Ich hatte ein bisschen Angst

Projekt

Stellt besondere Schulen aus eurem Land vor: Sportinternat, Musikinternat …

5 Die Wohngruppe

a Lies die Texte. Sind die Jugendlichen gerne im Internat?

Wir sind eine Wohngruppe mit acht jungen Leuten. Unsere Wohnung ist groß, acht Zimmer, Küche, zwei Bäder und ein Wohnzimmer. Die Zimmer sind nicht groß, aber wir fühlen uns sehr wohl. Das Beste ist, hier sind alle Freunde und jeder kann mit seinen Fähigkeiten der Gruppe helfen. Wir setzen uns oft zusammen und unterhalten uns oder spielen (z. B. Schach oder Musikgruppen-Raten). Natürlich helfen wir uns auch gegenseitig beim Lernen und selbstverständlich streiten wir uns auch heftig, wenn es sein muss. Die meisten Konflikte gibt es über die Hausarbeit. Wer hat die Spülmaschine nicht ausgeräumt? Wer hat nicht richtig geputzt? …

Ich setze mich am liebsten in meinen Sessel und höre Hörbücher oder Musik. Wenn man ein Problem hat, ist immer jemand da, der fragt: Fühlst du dich schlecht? Bist du traurig? Man fühlt sich nie allein.

Leo Sandorn

Ich freue mich immer, wenn Katha Gitarre spielt und wir singen. Jeder ärgert sich, wenn er oder sie die Spülmaschine ausräumen muss, ich auch. Aber das Gute ist, dass wir über alles reden und so Konflikte lösen können.

Tekla Roth

Die meisten fühlen sich richtig gut, wenn wir etwas gemeinsam machen. Ich ärgere mich morgens oft, wenn das Bad besetzt ist, weil ich meistens zu spät dran bin und dann Stress habe.

Selma Pasch

Wir kennen uns alle sehr gut und wissen, wer sich wann gut fühlt oder nicht. Ich ärgere mich sehr, wenn ich schlechte Noten bekomme. Das macht mich wütend. Aber dann kann ich mit Tekla reden und sie beruhigt mich wieder.

Dario Fogler

b Die Aussagen 1–6 sind falsch. Korrigiere sie.

1. Die Zimmer in der Wohngruppe sind groß.
2. Sie streiten sich oft über die Hausarbeit.
3. Leo fühlt sich einsam.
4. Tekla räumt gern die Spülmaschine aus.
5. Selma ist immer pünktlich.
6. Dario hat kein Problem, wenn manchmal etwas nicht gut läuft.

c Ergänze 1-5 mit Informationen aus dem Text. Ergänze dann das *Denk nach*.

1. … setzt sich am liebsten …
2. … freut sich …
3. … ärgert sich …
4. … kennen sich …
5. … helfen uns …

Denk nach

Reflexivpronomen

Ich fühle **mich** super.	**Wir** freuen **uns** sehr.
Wie fühlst **du dich**?	Wie fühlt **ihr euch**?
Er/Es/Sie/Man ärgert … .	**Sie** freuen … .

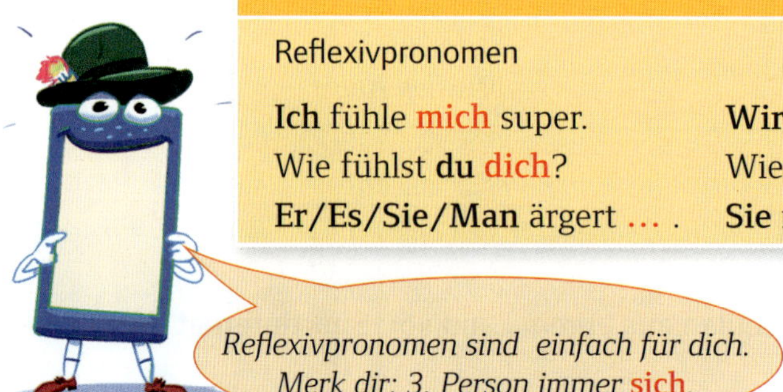

6 Gefühle zeigen

a Schreib zu jeder Frage mindestens zwei Beispiele.

1. Wann freust du dich?
2. Wann ärgerst du dich?
3. Wann fühlst du dich besonders wohl?
4. Wann fühlst du dich nicht so wohl?
5. Wann bist du gerne allein?

b Arbeitet zu viert. Fragt und antwortet.

48 **c Sprechen üben – Lies den Tipp und hör zu. Welches Foto passt zu welcher Aussage?**

TIPP

Der Ton macht die Musik. Achte nicht nur auf die Wörter.
Mimik und Tonfall helfen beim Verstehen.

d Probiert es selbst mit verschiedenen Sätzen aus.

Das hast du ja toll gemacht.
Das hast du ja ganz toll gemacht.
Vielen Dank für deine Hilfe.
Das ist ja eine fantastische Idee.
...

e Fragt euch gegenseitig.

Was tust du, wenn du dich ärgerst?

Was machst du, wenn du dich freust?

Wohin gehst du, wenn du traurig bist?

Wenn ich mich ärgere, dann ...	..., dann möchte ich etwas kaputt machen.
Wenn ich mich freue, dann ...	..., dann singe ich laut. / höre ich wilde Musik.
Wenn ich mich gut/schlecht/ fantastisch/traurig ... fühle, dann ...	..., dann möchte ich mit ... telefonieren.
	..., dann rede ich nicht. / möchte ich allein sein.
	...

49
7 Phonetik: *p, t, k* – kräftig sprechen

Hör zu und sprich kräftig nach.

p – t – k
p – t – k
p – t – k

Total kaputt!
Fantastisch!
Prima!
Cool!

8 Streit am Morgen

50 **a** Hört die Szene und betrachtet die Karikatur. Beschreibt die Szene. Kennt ihr die Situation?

51 **b** Hör den Dialog. Was ist das Problem?

c Hör noch einmal und lies mit. Notiere die betonten Wörter.

meine zuerst

- ● Das ist meine Dusche, ich war zuerst da.
- ■ Nein, ich war schon vorher da und habe meine Sachen hingelegt. Geh doch zu der anderen Dusche.
- ● Geh du doch. Du ärgerst dich ja nur, weil ich zuerst da war.
- ■ Warst du gar nicht! Hier sind meine Sachen.
- ● Ja, deine Sachen, aber nicht du. Reservieren darf man nicht, sonst komme ich das nächste Mal mittags und leg meine Sachen hin, dann ist die Dusche für mich reserviert.
- ■ Quatsch, die hab ich gar nicht mittags hingelegt, gerade eben. Ich musste nur noch mein Shampoo holen.
- ● Na gut, dann geh du, aber beeil dich, ich will auch noch fertig werden.

♪ 52 **d** Sprechen üben – Hör die Sätze und sprich nach.

Geh <u>du</u> doch!

Warst du <u>gar</u> nicht!

Reservieren <u>darf</u> man nicht.

e Lest und spielt den Dialog.

f Streitszenen – Bereitet einen Dialog zu A, B oder C vor und spielt ihn.

A

B

C

9 Streiten und Streit schlichten

53 **a** **Hör zu und schreib den Dialog im Heft.**

V ● Ist auch besser so, die Musik ist ja voll ätzend.

● Ja klar, hör mal.

● Mach doch mal die Musik leiser!

● Du kannst doch …

■ Ej, suchst du Streit? Lass bloß die Musik laufen! Ich werde sonst echt sauer.

■ Meinst du, deine ist besser?

■ Noch leiser? Dann hört man ja nichts mehr.

b **Lest den Dialog laut.**

c **Streit-Regeln – Was man tun muss. Was man nicht tun darf.**
Lies das *Denk nach* und ergänze die Regeln.

1. Man … anderen zuhören.
2. Man … immer lauter reden.
3. Man … ruhig bleiben.
4. Man … … böse werden.
5. Man … … aggressiv werden.
6. Man … seine Meinung erklären.
7. Man … einen Kompromiss finden.
8. Man … andere … beschimpfen.
9. Wenn man etwas falsch gemacht hat, … man sich entschuldigen.
10. Man muss auch mal nachgeben.

müssen – nicht dürfen

Man **muss** anderen zuhören.
Man **darf** andere **nicht** beschimpfen.
Man **darf nicht** aggressiv werden.

Man muss anderen zuhören.
Man darf nicht immer lauter reden.

d **Kompromisse finden – Schreibt den Dialog von 9a zu Ende.**

mit Kopfhörer hören.	Kopfhörer kaputt.
Kopfhörer ausleihen.	nur noch zwei Lieder zu Ende hören / ausmachen
…	…

10 Schule, Familie, Freunde: Was gehört zum Zusammenleben?

a **Sammelt zuerst allein Ideen und diskutiert dann eure Ideen in Gruppen.**

Zusammenleben
gemeinsam lachen
zusammen …
dem anderen helfen
streiten und Kompromisse finden

b **Sammelt eure Ideen an der Tafel.**

c **Diskutiert eine Reihenfolge von 10 sehr wichtig bis 1 nicht so wichtig.**

Ich finde, wichtig ist, dass man …

Ich finde auch wichtig, dass …

Ich finde … wichtig, aber nicht so wichtig wie …

Mir fällt das Wort nicht ein. Wie sagt man … auf Deutsch?

d **„Gut zusammen leben“ – Was ist für dich persönlich dabei wichtig. Schreib einen Text.**

Über Gefühle sprechen

Wie hast du dich gefühlt.	Ich habe mich sehr unsicher gefühlt. / Ich hatte Angst.
Wann fühlst du dich wohl?	Ich fühle mich wohl, wenn ich Sport mache.
Wann freust du dich?	Ich freue mich, wenn mein Hund mich begrüßt.
Warum hast du dich geärgert?	Ich habe mich geärgert, weil ich lange warten musste.
Was tust du, wenn du dich freust?	Wenn ich mich freue, dann singe ich laut.
Was tust du, wenn du dich schlecht fühlst?	Wenn ich mich schlecht fühle, möchte ich allein sein.

Streiten und Kompromisse finden

Geh doch zur anderen Dusche!	Ich beeile mich.
Warum, geh du doch!	Na gut, ich warte, aber mach bitte schnell.
Quatsch, …!	
Mach doch mal die Musik leiser.	Du kannst doch mit Kopfhörer hören.
Ej, suchst du Streit? Lass bloß die Musik laufen.	Ich kann dir meine Kopfhörer ausleihen.
	Ich höre nur noch zwei Lieder, o.k.?

Regeln formulieren

Man muss anderen zuhören.
Man darf andere nicht beschimpfen.
Wenn man etwas falsch gemacht hat, muss man sich entschuldigen.

Außerdem kannst du …

… einen Text über eine Schule verstehen.
… ein Interview verstehen.

Grammatik — kurz und bündig

Reflexivpronomen

ich freue	mich	wir freuen	uns
du freust	dich	ihr freut	euch
er/es/sie/man freut	sich	sie/Sie freuen	sich

Reflexivpronomen sind einfach für dich. Merk dir: 3. Person immer sich.

Einige reflexive Verben:
sich ärgern
sich streiten
sich entschuldigen
sich wohlfühlen
sich gut/super/… fühlen

Deklination: *welch-*

Nominativ	*Akkusativ*	*Dativ*
(der) welcher Schüler	(den) welchen Schüler	(dem) welchem Schüler
(das) welches Fach	(das) welches Fach	(dem) welchem Fach
(die) welche Schülerin	(die) welche Schülerin	(der) welcher Schülerin
(die) welche Freizeitaktivitäten	(die) welche Freizeitaktivitäten	(den) welchen Freizeitaktivitäten

Welche Fächer hast du? Welches Fach magst du am liebsten?
Zu welchen Freizeitaktivitäten gehst du?

Ebenso: *jed-* und *dies-*:
Jeder Schüler und jede Schülerin bekommt eine Aufgabe.
Diese Aufgabe ist vom Schülerbuch und diese ist vom Arbeitsbuch.

6

Das gefällt mir

Das lernst du

- Sagen, was einem gefällt (Mode/Design)
- Sachen und Personen beschreiben
- Kleidung anprobieren und kaufen
- Über eine Statistik sprechen

Sprecht über die Bilder.

Lies die Sätze und hör die Aussagen. Welche Sätze passen zu wem? 54

1. Das transparente Handy finde ich super. Ich habe das alte Handy von meinem Vater.	Felix
2. Ich mag blaue Sportwagen. Ich liebe schöne Sachen.	Leonie
3. Große Hunde mag ich nicht.	Julia
4. Moderne Fahrräder finde ich toll.	Murat

1 Was gefällt euch?

a Notiert je drei Sätze wie im Beispiel.

spannende Filme · schwarze/graue/... Katzen · lange/kurze Haare · rote/lange/kurze Röcke · bunte/transparente Handys · junge Pferde · teure Mountainbikes · blaue/grüne/braune Augen · schnelle Computer · dicke Bücher · leichte Tablets · große Hunde · große Häuser · rote/blonde/schwarze Haare · bunte T-Shirts · komplizierte Computerspiele · schnelle Computer · schnelle Motorräder · modische Jeans

Große Hunde gefallen mir nicht, weil ich Angst vor ihnen habe.

Ich finde blaue Augen toll. Meine Freundin hat blaue Augen.

Echt? Ich mag große Hunde. Die sind meistens lieb.

Ich mag grüne Augen.

b Lest eure Sätze vor. Die anderen kommentieren.

2 Adjektive vor dem Nomen

a Ordne die Texte den Bildern zu. Ergänze sie und lies sie vor.

1. Ich habe einen kleinen, schwarzen ... . Er heißt Timo. Er ist ein ganz lieber, freundlicher ... . Aber er kann böse sein, wenn er jemanden nicht kennt. Ich mag kleine ... . (Pl.)
2. Das ist ein schnelles, schönes, schickes ... . Ich möchte auch gern ein schickes ... . Aber die meisten können keine so teuren ... . (Pl.) kaufen.
3. Carla trägt immer eine interessante ... . Ihre großen ... (Pl.) sind ihr Markenzeichen. Ihre rote ... ist bestimmt teuer.

A die Tasche, -n

B das Auto, -s

C der Hund, -e

b Lies die Texte noch einmal und ergänze das *Denk nach*.

Denk nach

	Singular			Plural
	der Hund	das Auto	die Tasche	die Hunde/Autos/Taschen
N	ein tolle... Hund kein toller Hund	ein tolle... Auto kein tolles Auto	eine tolle Tasche keine tolle Tasche	— tolle Hunde/Autos/Taschen keine tolle... Hunde/Autos/Taschen
A	einen tolle... Hund keinen tollen Hund			keine tollen Hunde/Autos/Taschen

3 Sprechen üben

55 **a** Hör zu, sprich nach.

- Sie hat einen neuen Laptop.
- Sie hat einen neuen, schnellen Laptop.
- Sie hat einen neuen, schnellen, leichten Laptop.
- Sie hat einen neuen, schnellen, leichten, coolen Laptop.

- Das ist ein teurer Laptop.
- Das ist ein teurer Laptop.
- Das ist ein teurer Laptop.
- Das ist ein teurer Laptop.

b Macht weiter.

- Er hat eine blaue Hose.
- Er hat eine blaue, lange Hose.
- Er hat eine …

- Das ist eine schicke Hose.
- Das ist eine schicke Hose.

- Sie hat ein modernes Fahrrad.

- Das ist ein …

4 Die sehen cool aus

56 **a** Hör zu. Wer ist es? Person A oder B?

b Beschreib A und B.
Was ist gleich?
Was ist anders?

A und B sind nicht sehr groß. A trägt eine schwarze Sonnenbrille und B trägt …

5 Deine Klasse

a Personen beschreiben – Lest den Kasten. Sammelt noch mehr Wortschatz dazu.

der Körper	die Haare	die Augen	die Kleidung	Farben – Formen – Muster
groß	schwarz	blau	der Rock	orange lila …
…	glatt	grau	die Hose	lang kurz weit eng
	…	blaugrau	das T-Shirt	gestreift gepunktet kariert
		…	…	

b Wer ist es? – Schreibt je eine Personenbeschreibung auf einen Zettel. Tauscht in der Klasse und lest die Zettel vor. Die anderen raten.

Ist das die dritte Person von links?

Nein.

Dann ist es …

Meine Person ist nicht so groß.
Sie trägt eine weiße, kurze Hose.
Sie hat mittellange blonde Haare.
Sie trägt einen großen, roten Rucksack.

6 Online einkaufen

a Fragt und antwortet.

Kaufst du online ein?

Warum?

Warum nicht?

Was hast du schon online eingekauft?

b Schau die Internetseiten an. Was gefällt dir? Was gefällt dir nicht?

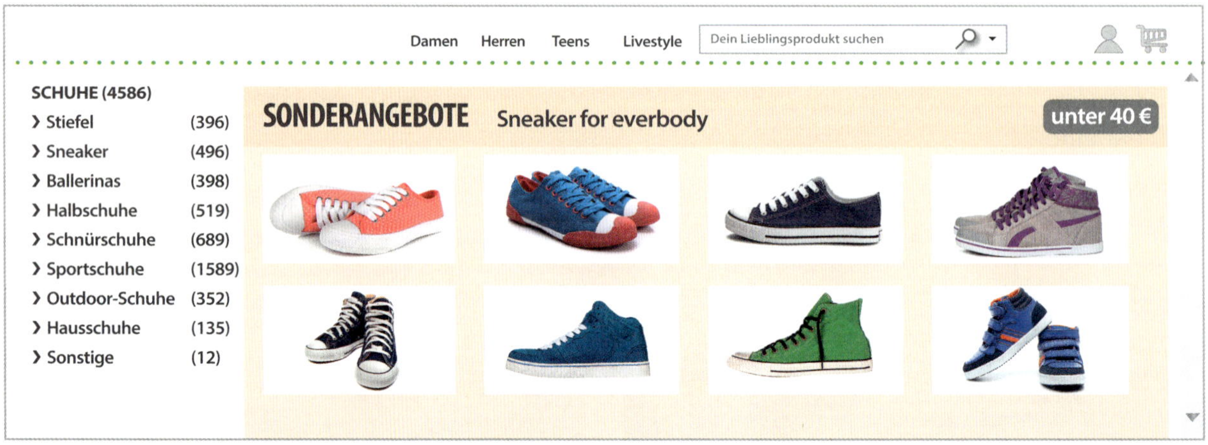

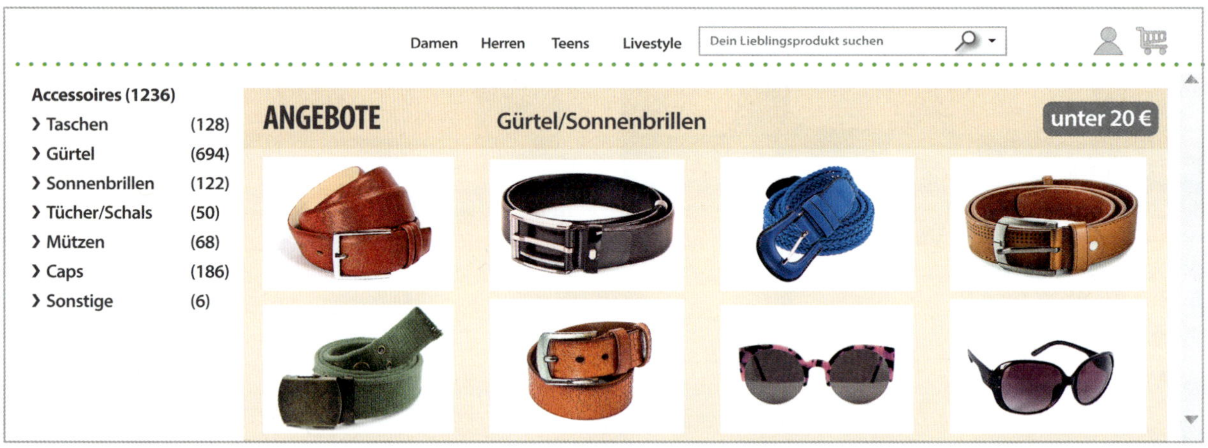

57–58 **c** Hör die Dialoge. Was wollen die Mädchen und die Jungen kaufen? Warum?

59–60 **d** Hör zu und ergänze das *Denk nach*.

Denk nach

	der	das	die	die (Plural)
N	der schwarze Gürtel	das rote Hemd	die schwarze Bluse	die weiße… Schuhe
A	den blaue… Gürtel			

e Schreibt Fragen. Fragt und antwortet.

Welcher Gürtel gefällt dir am besten? Der rote oder der braune?

Welchen Gürtel findest du gut? Den roten oder den gelben?

Welcher Gürtel gefällt dir am besten?

Mir gefällt der blaue (Gürtel) am besten. Und dir?

f Ihr habt zu zweit 200 Euro. Was kauft ihr? Schreibt eine Einkaufsliste.

7 Er hat einen tollen Tiger. – Würfelspiel

Spielt zu viert. Wählt ein Adjektiv aus. Ihr dürft jedes Adjektiv nur einmal verwenden.
Würfelt dann zweimal und bildet einen Satz mit dem Adjektiv, dem Verb und dem Nomen.

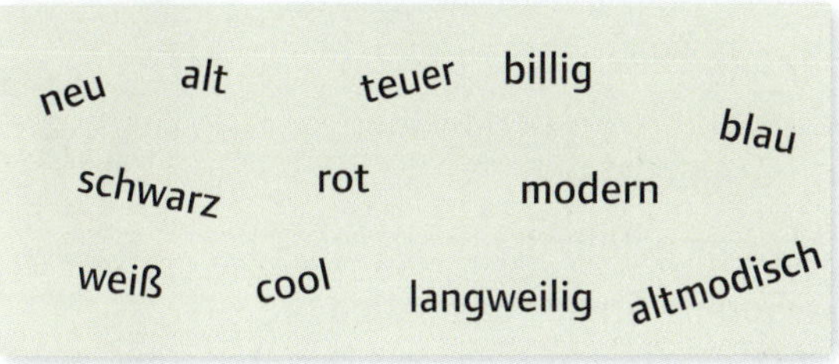

	A		B
1	sein (N)	1	der Laptop
2	haben (A)	2	das Auto
3	mögen (A)	3	die Sonnenbrille
4	mitnehmen (A)	4	der Tiger
5	kaufen (A)	5	die Schuhe (Pl.)
6	suchen (A)	6	das T-Shirt

8 Tipps zu den Adjektivendungen

a Was passt zusammen? Ordne zu und lies vor.

1. Wiederhole die Adjektivendungen
2. Adjektive haben vor einem Nomen immer, aber
3. Für die Adjektivendungen braucht man
4. Adjektivendungen kann man

a) nach dem Nomen nie eine Endung.
b) so oft wie möglich.
c) viel Geduld und Zeit.
d) mit Lernkarten und mit Beispielsätzen lernen.

b Schreib auf Lernkarten kleine Beispieltexte mit den Adjektivendungen und lerne sie auswendig.

Vorderseite

der Typ
Ist das ein cool... Typ?
Nein, das ist kein cool... Typ.
Der cool... Typ ist heute nicht da.

Rückseite

der Typ
Ist das ein cooler Typ?
Nein, das ist kein cooler Typ.
Der coole Typ ist heute nicht da.

9 Einkaufen

61 **a Lies die Sätze 1–3, hör den Einkaufsdialog und entscheide: richtig oder falsch.**

V 1. Die Verkäuferin hilft Sophie und Alina.
2. Alina findet den weißen Mantel gut.
3. Alina gefällt die blaue Bluse.
4. Sophie findet, dass Alina die graue Hose gut passt.
5. Alina kauft den Rock.

b Ordne 1–8 und a–h zu. Hör den Dialog noch einmal zur Kontrolle.

1. ● Guten Tag, kann ich
2. ■ Danke, wir möchten uns
3. ● Alina, komm mal,
4. ■ Der sieht echt
5. ● Und wie findest du
6. ■ Auch nicht schlecht.
7. ● Ich weiß nicht.
8. ■ Ich glaube, der steht mir,

a) die blaue Bluse?
b) Hast du mal den kurzen Rock anprobiert?
c) super aus.
d) wie gefällt dir der weiße Mantel?
e) Wie passt mir die Hose, Sophie?
f) Ihnen helfen?
g) nur umschauen.
h) aber er ist viel zu teuer.

c Spielt Einkaufsdialoge.

Verkäufer/in
Kann ich dir/Ihnen helfen?
Möchten Sie / Möchtest du … anprobieren?

Kunde/Kundin
Danke, wir möchten uns nur umschauen.
Ja, gerne, ich suche …
Ich hätte gerne …
Haben Sie …?

Über die Kleidung sprechen
Wie findest du …?
Wie steht mir …?
Wie passt mir …?

Ich finde … super / nicht so gut / …
Das blaue T-Shirt steht dir gut.
Die Jeans passt dir sehr gut.

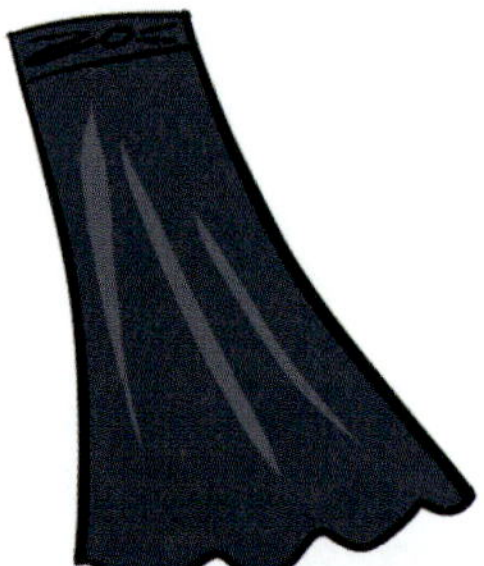

10 Das kaufen Jugendliche in Deutschland

a Schaut die Bilder an. Was ist für euch wichtig? Wofür gebt ihr viel Geld aus?

A

B

C

D

E

F

G

H

b Lies den Text und korrigiere die Aussagen 1–3.

1. Alle Jugendlichen bekommen pro Jahr mindestens 1600 Euro.
2. Sie geben das Geld für teure Markenkleidung aus.
3. Geld sparen finden die Jugendlichen langweilig.

Deutsche Jugendliche können pro Jahr im Durchschnitt ungefähr 1600 Euro ausgeben. Sie bekommen das Geld als Taschengeld, als Bezahlung für Nebenjobs oder als Geschenke zum Geburtstag oder zu Weihnachten. Natürlich gibt es große Unterschiede. Einige haben mehr als 1600 Euro pro Jahr und viele haben sehr viel weniger.

Was machen die Jugendlichen mit dem Geld? Auch das ist sehr unterschiedlich. Das meiste Geld geben Jugendliche für Kleidung, Mode und Schmuck aus. In vielen Schulen ist teure Markenkleidung ein hohes Statussymbol. Ältere Jugendliche brauchen auch Geld für den Führerschein oder, wenn sie schon fahren dürfen, für Benzin. Das ist natürlich teuer. Auch das Handy ist für viele Jugendliche nicht billig. Computer, Videospiele, Musik und Filme sind für die meisten Jugendlichen sehr wichtig. Sie geben aber dafür viel weniger Geld als für Kleidung aus. Jugendliche sparen auch Geld (ungefähr 20 % vom Einkommen monatlich), weil sie es später für größere Projekte haben möchten, z. B. den Führerschein, das Moped oder das Auto.

c Lies den Text noch einmal und dann die Grafik. Was passt wo?

1. Computer/Videospiele
2. Handy
3. Kleidung/Mode/Schmuck

Ausgaben von Jugendlichen in Deutschland im Jahr 2012 (in Millionen Euro pro Jahr)

?	5 191
Fahrrad, Mofa, Moped, Auto, Führerschein, Benzin	1 940
?	1 702
Sportartikel	922
Musik, Hörspiele	850
?	470
DVDs, Videos (gekauft oder geliehen)	272

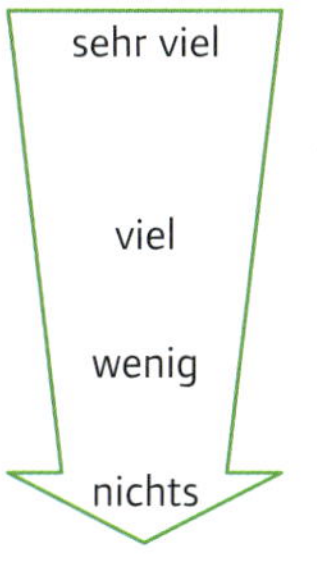

d Wie ist das bei euch? Macht eine Tabelle mit geschätzten Informationen. Vergleicht mit der Tabelle.

Ich gebe nicht so viel Geld für Kleidung aus wie die deutschen Jugendlichen, weil ich Mode nicht so wichtig finde.

Einige in unserer Klasse sparen Geld. Sie möchten später …

Sagen, was einem gefällt (Mode/Design)

Ich liebe Mode.
Ich liebe Rot.

Das ist ein cooler Gürtel.

Schwarze Katzen gefallen mir (nicht).
Die grünen Schuhe von dem Mädchen gefallen mir nicht.

Sachen und Personen beschreiben

Er ist sehr groß. / nicht so groß.
Sie hat kurze, braune Haare.
Sie trägt einen Ohrring / keine Brille.

Kleidung anprobieren und kaufen

Wie steht mir die Jeans?
Hast du mal den kurzen Rock probiert?
Wie passt mir die Jeans?
Wie steht mir die Hose?

Ich weiß nicht … / Nicht schlecht.
Der sieht klasse aus, aber er ist viel zu teuer.
Die Jeans passt dir sehr gut.
Nicht so gut.

Über eine Statistik sprechen

Im Durchschnitt bekommen deutsche Jugendliche zwischen 30 und 70 Euro Taschengeld im Monat.
Das meiste Geld geben Jugendliche für Kleidung, Mode und Schmuck aus.
Ich gebe nicht so viel Geld für Kleidung aus wie die deutschen Jugendlichen, weil …
In unserer Klasse geben wir mehr Geld für Musik und DVDs aus als deutsche Jugendliche.

Außerdem kannst du …

… eine Grafik zum Thema „Konsum" verstehen.

Grammatik — kurz und bündig

Adjektive vor dem Nomen

Nominativ

Maskulinum	Neutrum	Femininum	Plural
der tolle Rock	das tolle Auto	die tolle Tasche	die tollen Handys
ein toller Rock	ein tolles Auto	eine tolle Tasche	— tolle Handys
kein toller Rock	kein tolles Auto	keine tolle Tasche	keine tollen Handys

Akkusativ

Maskulinum	Neutrum	Femininum	Plural
den tollen Rock	das tolle Auto	die tolle Tasche	die tollen Handys
einen tollen Rock	ein tolles Auto	eine tolle Tasche	— tolle Handys
keinen tollen Rock	kein tolles Auto	keine tolle Tasche	keine tollen Handys

Adjektive vor dem Nomen (attributiv) haben mindestens ein *e*.

Ich mag schnelle Autos. Aber das rote Auto gefällt mir nicht.

- Wie gefällt dir der rote Rock?
- Welchen Rock meinst du, den langen (Rock) oder den kurzen (Rock)?
- Den kurzen (Rock).

Adjektive nach dem Nomen (prädikativ) haben keine Endung.

Mehr über mich

7

Das lernst du

- Vermutungen äußern
- Personen vorstellen
- Das Datum sagen
- Über die Schulzeit sprechen

Wählt eine Person aus, beschreibt sie und notiert Vermutungen über sie.
Alter – Klasse – Freizeit (in der Woche / am Wochenende) – Schule – Interessen – Hobbys

Stellt eure Person vor.

Ich denke, dass …

Ich vermute, dass …

1 Interview mit Ben, Clara, Yassim und Anna

62 **a** Hör zu und lies die Aussagen 1–8 mit den richtigen Informationen vor.

v
1. Clara und Ben gehen in die achte/neunte/zehnte Klasse.
2. Ben ist seit der fünften/sechsten/siebten Klasse in München. Vorher war er in Augsburg/Aachen.
3. Yassims Eltern kommen aus der Türkei / dem Sudan / den USA.
4. Er hat zum ersten/zweiten/dritten Mal auf der Hochzeit von seinem Bruder gesungen.
5. Yassim und Anna gehen in die neunte/zehnte/elfte Klasse.
6. Anna spielt seit der vierten/fünften/sechsten Klasse Gitarre.
7. Der nächste Auftritt ist am sechsten/siebten/achten September in der Stadthalle.
8. Das ist ein Jubiläum. Die Gruppe spielt zum zehnten/zwanzigsten/hundertsten Mal vor Publikum.

b Was hast du vermutet, was hast du gehört? Vergleiche.

Ich habe gedacht, dass Ben schon 18 Jahre alt ist, aber er geht erst in die zehnte Klasse.

Meine Vermutung war richtig, denn Yassim sagt, dass …

c Ergänze das *Denk nach*.

Denk nach

1. der/das/die **erste**	7. **siebte**	20. zwanzig**ste**
2. zweite	8. achte	21. einundzwanzig**ste**
3. dri**tte**	…	100. der/das/die hundert**ste**
4. vier…		
5. fünf…	19. neunzehnte	Heute ist der … …

Ordinalzahlen sind einfach. Bis 19 ist die Endung …, ab 20 …;
Ordinalzahlen stehen meistens mit dem bestimmten Artikel. Man dekliniert sie wie Adjektive.

2 Welches Datum …?

♪ 63 **a** Phonetik – Hör zu und achte auf die Konsonanten.

fünfte
elfte
zwölfte
zwanzigste

Man spricht alle Konsonanten.

♪ 64 **b** Hör zu und sprich nach. Sprich langsam und deutlich.

fünf – die fünfte Stunde
elf – das elfte Mal
zwölf – die zwölfte Klasse
zwanzig – der zwanzigste Dritte (= der 20. März)

c Fragt euch gegenseitig nach dem Datum.

… vor drei Tagen – vorgestern – gestern – heute – morgen – übermorgen – in drei Tagen …

Welches Datum ist heute?

Heute ist der … Und vor einer Woche?

Vor einer Woche war der … Und in zwei Wochen?

In zwei Wochen ist der … Und in …

3 Wichtige Tage – Wann ist … geboren?

a Ordne den Fotos die Informationen 1–6 und die Geburtsdaten zu.

A *Albert Einstein*

B *Wolfgang Amadeus Mozart*

C *Johann Wolfgang Goethe*

D *Lise Meitner*

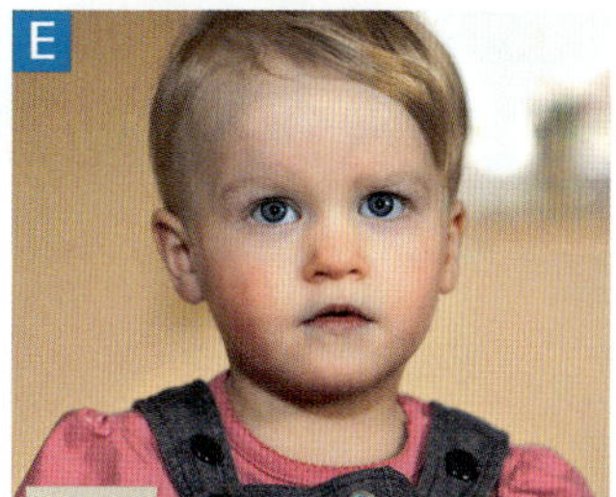
E *Rita*

F *Angela Merkel*

1. Zukünftige Präsidentin
2. Komponist, musikalisches Wunderkind
3. Politikerin, erste Bundeskanzlerin Deutschlands
4. Dichter und Schriftsteller
5. Atomphysikerin
6. Physiker, Nobelpreisträger

a) 17. 7. 1954 in Hamburg
b) 27. 1. 1756 in Salzburg
c) 14. 3. 1879 in Ulm
d) 28. 8. 1749 in Frankfurt am Main
e) 7. 11. 1878 in Wien
f) 1. 1. 2014 in Traumstadt

b Lies das *Denk nach* und schreib deinen Geburtstag.

Denk nach

Datum
Das Baby ist am 1. 1. 2014 geboren (am ersten Ersten zweitausendvierzehn).
Seine Mutter ist am 5. 5. 1986 geboren (am fünften Fünften neunzehnhundertsechsundachtzig).
Ich bin …

c Stell die Personen aus 3a in einem kleinen Text vor.

Projekt

Berühmte Leute – Schreibt kurze Biografien und stellt das Leben einer zurzeit berühmten Person vor. Die anderen raten.

Die Person ist am 28.3.1986 in New York geboren und kann fantastisch singen. Eigentlich heißt die Person Stefani Joanne Angelina Germanotta, aber jetzt hat sie einen Künstlernamen. Sie ist ein Multitalent. Sie ist Sängerin und hat eigene Songs geschrieben. Sie ist auch Modedesignerin, Schauspielerin und Geschäftsfrau. Wer ist es?*

Die Person auf der Phillip Treacy London Fashion Show, 16.09.2012.

* Die Lösung findest du auf Seite 66 unten.

4 Von klein bis groß

65 **a** Hör zu und bring die Fotos in die richtige Reihenfolge.

Von klein bis groß

Text und Musik: von Samuel Reißen

Von klein bis groß, von jung bis alt,
vom Anfang zum Ende ...

Im Kindergarten, Kindergarten,
alle Kinder warten, Kinder warten,
wann fängt die Schule denn an?
...

Dann 1. Klasse, 2. Klasse,
3. Klasse, voll gepackte Tasche,
...
ich darf das jetzt, ich weiß es!

4.,5.,6.,7. Klasse,
1 in Deutsch und leider 5 in Mathe,
8., 9. Klasse sind ok,
...

Ich lerne schnell, ich lerne viel,
weil ich es muss, weil ich es will,
10., 11., 12. Klasse – Vollgas!
...

Und dann geht's raus ins Leben,
endlich Zeit ...!

A

B

C

b Hör noch einmal und ergänze den Text.

1 Ich lerne viel und fleißig,

2 weil ich in Mathe jetzt 2- steh!

3 ist es eine lange Zeit!

4 Prüfung, Zeugnis, das war's!

5 für meine eigenen Ideen

6 Ich bin schon bereit, ich kann es!

66 **c** Sprechen üben – Hör zu und sprich mit.

Von klein bis groß, von jung bis alt,

vom Anfang zum Ende ist es eine lange Zeit!

...

5 Wichtige Stationen im (Schul-)Leben

a Macht ein Assoziogramm an der Tafel.

b Lies das *Denk nach* und ergänze die Regel.

c Schreib über deine Schulzeit.

Denk nach

Adjektivendung im Dativ

der Tag	am ersten Tag
das Jahr	im letzten Jahr
die Freundin	mit der besten Freundin
Plural:	in den ersten Jahren

Der Dativ ist einfach: immer ...

Projekt

67 Hört die Musik und schreibt euren eigenen Liedtext zur Musik.

6 Wichtige Tage im Jahr

68–71 **a** Hör zu. Was ist der wichtigste Tag für Ben, Yassim, Clara und Anna? Warum?

Ben: 7.9., Konzert in der Stadthalle
Yassim:
Clara:
Anna:

b Notiere wichtige Tage für dich im Jahr. Frag dann in der Klasse.

Was ist der wichtigste Tag für dich in diesem Jahr?

Der wichtigste Tag im Jahr ist für mich der ... Da ist unser Neujahrsfest.
Der wichtigste Tag im Jahr für Marianne ist der 31. Oktober. Da hat sie Geburtstag.
Der wichtigste Tag in diesem Jahr ist für mich der ... Da ist die Aufnahmeprüfung.
Der wichtigste Tag im letzten Jahr war ... Da hat meine Schwester geheiratet.

7 Emma ist weg! – Eine Geschichte

a Vor dem Lesen: Im Text findest du diese Verben in der Vergangenheit (Präteritum). Welche Infinitive passen dazu? Was ist im Präteritum anders?

Vergangenheit: Präteritum	Infinitiv
war – ging – machte – bellte – kam – sagte – heulte – stellte – gab – wurde – wollte – suchte	stellen – suchen – werden – geben – bellen – kommen – sagen – machen – heulen – sein – gehen – wollen

b Seht die Bilder an. Was denkt ihr: wer, wo, was?

72 **c** Lies die Geschichte. Zu welchen Textstellen passen die Bilder? Notiere die Zeilen.

Emma ist weg

Ich heiße Florian Gerber und bin 16 Jahre alt. Meine Mutter, meine kleine Schwester und ich wohnen in einer Dreizimmerwohnung im vierten Stock von einem Wohnhaus in Bochum. Meine Mutter arbeitet in einer Bank. Jeden Morgen bringt sie meine Schwester Emma in den Kindergarten. Ich muss Emma abholen, wenn ich von der Schule nach Hause komme.

So war es auch am 23. Mai im letzten Jahr. Diesen Tag vergesse ich nie mehr. Ich hatte eine Stunde später Schule. Meine Mutter und Emma waren schon weg, als ich aufgestanden bin. Ich hatte einen langweiligen Schultag und habe nur darauf gewartet, dass ich wieder nach Hause komme, den Computer anmache und mich mit Silke im Chat treffe.

Aber ich musste noch Emma abholen. Und Emma war an diesem Tag wieder ganz besonders langsam. Als ich zum Kindergarten kam, war sie noch nicht fertig. Dann musste sie jede Blume am Weg genau ansehen und mit jeder Katze sprechen. Ich wurde immer nervöser.

„Jetzt mach schon!", sagte ich, aber dann ging sie noch langsamer. Vom Kindergarten zu unserer Wohnung braucht ein normaler Mensch zehn Minuten. Mit Emma braucht man eine halbe Stunde. Am Ende habe ich sie angebrüllt: „Jetzt beeil dich, du blöde Kuh, oder ich lasse dich einfach hier stehen!" Da heulte sie: „Ich sag der Mama, dass du so böse zu mir bist." Doofe Ziege!

73 Endlich waren wir zu Hause. Ich machte unser Essen in der Mikrowelle warm und gab Lobo frisches Wasser – Lobo ist unser Hund, ein Border-Collie. Und dann habe ich den Computer angemacht. Silke war schon im Chat. Silke ist so süß. Man kann so gut mit ihr chatten. Leider wohnt sie 100 km weg von mir. Zwei Stunden später merkte ich, dass es sehr ruhig war in der Wohnung. Sehr, sehr ruhig! Ich rief: „Emma!", aber sie antwortete nicht. Ich suchte sie in ihrem Zimmer – niemand da. Ich suchte in der Küche, niemand da und ihr Essen war noch in der Mikrowelle. Mist! Ich suchte überall in der Wohnung, im Schrank, unter dem Bett, im Bad und noch mal im Schrank und auf dem Schrank und noch mal unter allen Betten – nichts, niemand!

In einer Stunde, um fünf, wollte meine Mutter zurück sein. Panik! Ich rannte aus dem Haus, suchte die Straße rauf und runter. Ich fragte beim Zeitungskiosk, ich fragte Passanten auf der Straße: „Haben Sie ein kleines, blondes Mädchen mit einem grünen Rock gesehen?“ Niemand hatte sie gesehen. Ich suchte sie auf dem Spielplatz. Nichts. Noch 30 Minuten, bis Mama zurückkam. Panik!!! Ich rannte zurück zum Haus. Auf der Straße kam mir Lobo entgegen und bellte. Er sprang an mir hoch. Ich klingelte bei allen Nachbarn im ersten Stock, im zweiten und im dritten. Nichts!

74 Noch 15 Minuten, bis Mama nach Hause kam. Lobo bellte immer lauter. Er stand an der Kellertür, jaulte und kratzte an der Tür. Ich ging zu ihm. Jemand weinte hinter der Tür. „Emma, bist du da?“ Keine Antwort, nur ein leises Weinen. Ich rannte hoch, holte den Kellerschlüssel, rannte wieder runter und machte die Tür auf und da saß Emma ganz schmutzig und klein hinter der Tür. Ich war so froh! Ich habe sie umarmt und geküsst.

Sie wollte mich ärgern und hat sich im Keller versteckt, aber dann hat jemand die Kellertür abgeschlossen.

Noch zehn Minuten, bis Mama zurückkam. Wir rannten in den vierten Stock. Ich half Emma beim Umziehen, versteckte die schmutzigen Kleider und den Teller vom Mittagessen unter meinem Bett. Und schon kam Mama.

75 „Hallo, Kinder, ich bin wieder da.“ „Hallo, Mama.“ „Na, wie war euer Tag?“ „Alles prima.“ „Habt ihr zu Mittag gegessen?“ „Ja klar.“ „Soll ich uns jetzt Abendessen machen oder später?“ „Lieber jetzt, wir haben so Hunger!!!“

Ich liebe meine Schwester und sie liebt mich auch! Und wir beide lieben Lobo.

8 Emma ist weg! – Eine Geschichte

a Neue Wörter ohne Wörterbuch verstehen – 5 Schritte.

1. Welche Wörter aus dem Text verstehst du nicht? Notiere fünf 5 neue Wörter, die wahrscheinlich wichtig sind.
2. Finde jemanden in der Klasse, der/die auch eins von diesen Wörtern notiert hat.
3. Diskutiert und formuliert Vermutungen. Was bedeuten die Wörter vielleicht?
   – Hilft der Kontext (der Text um das Wort herum)?
   Beispiel: *Lobo bellte / Lobo bellte immer lauter – bellen = ???*
   – Helfen deine Muttersprache oder andere Sprachen (z. B. Englisch)?
   Beispiel Englisch: *kindergarten, chat, computer, microwave, supermarket, kitchen, panic, cellar …*
4. Vergleicht in der Klasse. Wer hat die meisten neuen Wörter ohne Wörterbuch verstanden?

b Drei Ideen zur Arbeit mit der Geschichte – Wählt zu dritt eine Idee aus und bearbeitet sie.

1. Idee: Fragen stellen – Schreibt Fragen zur Geschichte und fragt in der Klasse.
2. Idee: Ein anderes Ende – Schreibt die Geschichte ab Zeile 46 neu. Vergleicht in der Klasse.
3. Idee: Szenen spielen – Schreibt Dialoge zu der Geschichte und spielt sie.
   Szene A: Emma und Florian auf dem Weg vom Kindergarten nach Hause
   Szene B: Florian sucht Emma und fragt andere Leute
   Szene C: Mutter, Emma und Florian

Vermutungen äußern

Ich glaube, er kommt aus Deutschland.
Er kann wahrscheinlich gut Gitarre spielen.
Wir glauben nicht, dass er gerne zur Schule geht.

Personen vorstellen

Sie ist 30 Jahre alt und kommt aus Hamburg. Sie sieht sehr gut aus.
Sie liebt Mode. Sie ist Schauspielerin von Beruf und schreibt auch eigene Texte.

Er ist 1756 in Salzburg geboren. Er war Musiker und Komponist.
Er hat in Wien gelebt, aber er ist auch viele gereist.

Das Datum sagen

- Welches Datum ist heute?
- Heute ist der 27. 3. 2016. (Heute ist der siebenundzwanzigste Dritte/März zweitausendsechzehn).

- Wann ist Einstein geboren?
- Am 14. 3. 1879. (Am vierzehnten Dritten/März achtzehnhundertneunundsiebzig)

Über die Schulzeit sprechen

In der ersten Klasse hatten wir eine nette Lehrerin. Sie hat uns immer geholfen.
Nach der vierten Klasse bin ich zum Gymnasium gegangen.
Meine Freundin ist zur Gesamtschule gegangen. Das war schade.
Aber ich habe auch neue Freundinnen gefunden.

Außerdem kannst du …

… eine Geschichte verstehen
… das Präteritum einiger Verben verstehen.

Grammatik kurz und bündig

Die Ordinalzahlen

1. der/das/die/**erste**
2. zwei**te**
3. **dritte**
4. vier**te**
5. fünf**te**
7. **siebte**
8. **achte**
19. neunzehn**te**

20. zwanzig**ste**
21. einundzwanzig**ste**

100. hundert**ste**

Bald ist der erste Erste 2020.

Adjektive und Ordinalzahlen im Dativ

der Tag	am erst**en** Tag
das Jahr	im letzt**en** Jahr
die Klasse	in der dritt**en** Klasse
Plural:	in den erst**en** Jahren

* Lady Gaga

Spielen und wiederholen

Alles über mich!

Start

1 Kleidung

2 Mein Zimmer

3 Geburtstagsparty

4 Lieblingsessen Lieblingsgetränk

5 Freundschaft

6 Die letzten Ferien

7 Deutschland?

8 Lieblingstier

9 Meine Klasse

10 Ärger Freude

Ich ärgere mich, wenn …

Ich freue mich, wenn …

11 Schulweg

Ich fahre mit dem/der … zur Schule. Ich brauche … Minuten. …

12 Familie

13 Die Schweiz

14 Lieblingsfächer

15 Hobbys

16 Aussehen

Ich bin 1,68 groß. Ich habe kurze Haare. Ich habe grüne Augen und trage eine Brille.

17 Technik und Medien

18 Wetter

19 Berufswünsche

20 Taschengeld

21 Österreich?

22 Wichtige Tage

23 Mein Schultag

24 Deine Pläne

In 10 Jahren …

Ziel

Spielt zu zweit.

Ihr braucht einen Würfel und zwei Spielsteine oder Münzen.

Wenn ihr auf ein Thema kommt, müsst ihr 3 Sätze zum Thema sagen oder 20 Sekunden sprechen.

Richtig? **Ihr bleibt auf dem Feld.**
Falsch? **Ihr müsst zurück.**

Der andere ist dran.

Ihr könnte das Spiel mehrmals spielen.

ABC-Wortschatzspiel

Spielt in Gruppen.
Der Lehrer / Die Lehrerin sagt still das ABC.
Eine Schülerin / Ein Schüler sagt „Stopp!".
Alle Gruppen suchen Wörter mit diesem Buchstaben.
Ihr habt eine Minute Zeit.
Wichtig: Jede Gruppe hat eine/n Schreiber/in.

Nach einer Minute liest jede Gruppe ihre Wörter vor.
Welche Gruppe hat die meisten Wörter?

Wörter und Sätze

Sucht aus den Wörtern im ABC-Spiel alle Wörter zu den Themen „Freizeit", „Ferien" oder „Geburtstag" heraus. Schreibt Sätze zu den drei Themen.

Mündliche Prüfung: Fit A2, Teil 2 – Über das eigene Leben erzählen

Arbeitet zu zweit. Eine/r macht die Prüfungsaufgabe und erzählt, der/die andere stoppt die Zeit. Schafft ihr 3 Minuten? Sonst probiert es noch einmal.

Aufgabenblatt A
Wir möchten dich und dein Leben näher kennenlernen.

Aufgabenblatt B
Wir möchten dich und dein Leben näher kennenlernen.

Diskutiert in der Klasse: Wie kann man drei Minuten lang etwas erzählen?
Ergänzt den Lerntipp und gebt euch gegenseitig Tipps.

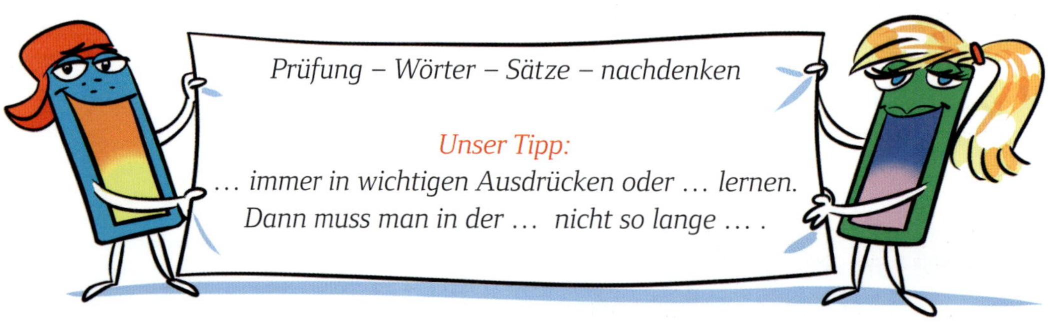

Literatur

Drei Geschichten aus *Der König und das Meer* von Heinz Janisch

Der König und die Katze

„Was machst du?“, fragte der König die Katze.
„Ich lasse mir von der Sonne das Fell wärmen“,
sagte die Katze und streckte sich auf der Wiese aus.
„Dann ist die Sonne heute das Größte für dich?“
„Heute schon“, sagte die Katze. „Heute ist die Sonne mein König!“

Der König dachte kurz nach. Dann zog er sein Hemd aus und legte sich neben die Katze auf die Wiese und ließ sich die Sonne auf die Haut scheinen.

Der König und das Eichhörnchen

„Ich kann einen Handstand“, sagte der König.
„Und einen Kopfstand!“
Das Eichhörnchen sah zu, wie der König einen Handstand und einen Kopfstand machte.
„Ich kann auf einem Bein stehen“, rief der König.
„Und ich kann mit geschlossenen Augen rückwärts gehen!“
Der König zeigte es vor.
Das Eichhörnchen sagte kein Wort.
Dann war es mit zwei, drei Sprüngen auf dem höchsten Baum und verschwand zwischen den Ästen und Zweigen.
Der König sah ihm lange nach.
„Ich kann schnell laufen“, rief er und bewegte sich nicht vom Fleck.

Der König und der Schatten

„Warum folgst du mir?“, fragte der König seinen Schatten.
„Damit du auf keine dummen Ideen kommst“, sagte der Schatten. „Und damit du nicht vergisst, dass alles zwei Seiten hat.“
„Wie könnte ich das vergessen“, sagte der König und wunderte sich über den großen Schatten, den seine kleine Krone in der Sonne machte.

Was ihr mit dem Text tun könnt:

76–78
1. Lesen, hören und verstehen. Den neuen Wortschatz selbst erarbeiten.
2. Mit verteilen Rollen lesen.
3. Eigene Geschichten vom König schreiben.

Mein Tag – meine Medien

1 Vor dem Sehen

Beschreibt die Szene: Wer, wo, wie, was, wann?
– Was war davor?
– Was passiert danach?

2 Beim Sehen

Seht den Videoclip und macht Notizen.
Was macht Jan und wie reagieren die anderen Personen:

Was macht Jan vor dem Treffen mit Kiki? – Wie reagiert Kiki?
Was macht Jan am Morgen? – Wie reagiert seine Mutter?
Was macht Jan auf dem Weg zum Unterricht? – Wie regiert die Polizei?
Was macht Jan im Unterricht? – Wie reagiert die Lehrerin?
Was macht Jan bei Basketballspielen?
Was macht Jan zu Hause – Wie reagiert die Mutter?
Was macht die Mutter am Abend? – Wie reagiert Jan? – Und wie findet die Mutter das?

3 Nach dem Sehen

Vorwürfe machen und reagieren

Wählt eine Sprechblase aus und erfindet dazu eine neue Szene.

Na endlich. Sag mal, kannst du nicht einmal pünktlich sein? Immer muss man auf dich warten.

Das muss doch jetzt nicht sein. Können wir nicht in Ruhe zusammen frühstücken?

Nein, jetzt!

Jan, mach sofort das Ding aus.

Mach doch mal das Ding aus. Ist doch furchtbar!

Was hörst du?

1 Vor dem Sehen

Schaut das Bild an. Arbeitet in Gruppen und überlegt, was in dieser Szene passiert.
- Was machen Kiki und Jan?
- Was sieht man und was hört man?

2 Beim Sehen

Seht den Videoclip mindestens zweimal und macht Notizen.

Teil 1 – Jan erzählt von seinem Cousin Timo.
- Was ist mit Timo?
- Wo ist er jetzt?
- Warum ist er dort?
- Was ist für ihn dort besser als zu Hause?

Teil 2 – Der Versuch
- Wie fühlt sich Kiki?
- Wie ändert sich die Welt um sie herum?
- Was passiert am Schluss vom Versuch?

3 Nach dem Sehen

Man sagt, dass die Menschen 5 Sinne haben: Hören, Sehen, Riechen, Schmecken, Fühlen. Alle sind wichtig. Warum? Bildet 5 Gruppen und sammelt Argumente.

Wie gefällt dir die Hose?

1 Vor dem Sehen

Seht das Foto an.
Jan und Kiki sind auf einem „Flohmarkt" in Berlin. In den deutschsprachigen Ländern gibt es viele Flohmärkte.

Überlegt: Was kann man auf einem Flohmarkt kaufen?
Was ist das Besondere an einem Flohmarkt?

2 Beim Sehen

**Lest die Äußerungen von Kiki und Jan und überlegt: Wer sagt was?
Seht dann den Videoclip mindestens zweimal.**

Was kostet das?

Wie findest du die rosa Bluse?

Gefällt sie dir nicht?

Nein, der Strickpulli ist schöner, oder?

Hast du es vielleicht auch kleiner?

Das ist aber ein verrücktes Muster, oder?

Das T-Shirt hätte ich gern.

Ein bisschen zu eng, oder?

Es geht so, oder?

Oder meinst du, es ist ist besser,
wenn ich ein langes T-Shirt zu Jeans anziehe?

Findest du? Ich mag enge T-Shirts.

Guck mal hier. Die finde ich ganz schön.

Guck mal, gar nicht teuer, vier Euro.

Ich kann wechseln.

Ich möchte das Pferd haben.

Ich möchte die gelbe Hose haben.

Ja, das blaue gefällt mir.

Mir gefällt der grüne Pullover.

Nein, leider nicht.

Nein, sieht klasse aus, wirklich.

Sehr schön.

3 Nach dem Sehen

Schreibt und spielt eigene Flohmarkt-Dialoge zu diesen Fotos. Verwendet je mindestens drei Äußerungen aus der Liste. Wer spricht mit wem? Das entscheidet ihr.

Alphabetische Wortliste

Die alphabetische Wortliste enthält alle neuen Wörter von primaplus A2.1 mit Angabe der Einheit, der Aufgabe und der Seite, wo sie zum ersten Mal vorkommen (1/8a/7).
Fett gedruckte Wörter sind der Lernwortschatz nach den gängigen Prüfungslisten. Bei den Nomen stehen der Artikel und die Pluralform (Anfang, der, "-). Manche Nomen kommen nicht oder nur selten im Plural vor. Hier steht „nur Sg."
Manche Nomen kommen nicht oder nur selten im Singular vor. Hier steht „nur Pl.".
Bei Verben mit Vokalwechsel und bei unregelmäßigen Verben stehen neben dem Infinitiv auch die 3. Person Sg. Präsens und das Partizip (abgeben, gibt ab, abgegeben). Bei den trennbaren Verben sind die Präfixe kursiv markiert (*auf*stehen).
Ein . oder ein _ unter dem Wort zeigt den Wortakzent: _ langer Vokal oder . kurzer Vokal (Ausland, Anfang).
Der Lernwortschatz steht auch auf der Seite „Deine Wörter" im Arbeitsbuch.

A

Abenteuer, das, – 1/03/08
abgeben, gibt *ab*, *ab*gegeben 4/1a/36
Abitur, das, -e 5/1a/44
*ab*schicken 4/AT/35
abschließen, schließt ab, abgeschlossen 7/7c/65
Absicht, die, -en 1/3b/09
Accessoire, das, -s 6/6b/54
ach so 3/3a/23
achten auf 5/6b/47
aggressiv 5/9c/49
altmodisch 6/7/55
***an*bieten, bietet *an*, *acn*geboten 5/1a/44**
*an*brüllen 7/7c/64
anders 3/9a/26
Anfang, der, "-e 7/4a/62
Angebot, das, -e 6/6b/54
Angst, die, "-e 2/9a/18
*an*machen 4/1a/36
*an*passen 2/9c/19
***an*rufen 3/4-/23**
*an*schalten 4/1a/36
*an*sehen, sieht *an*, *an*gesehen 4/3a/37
App, die, -s 4/1a/36
Arbeit, die, -en 2/3b/15
ärgern 4/10a/41
Atomphysiker, der, – 7/03a/61
ätzend 5/9a/49
*auf*bleiben, bleibt *auf*, *auf*geblieben 1/3a/8
*auf*geben, gibt *auf*, *auf*gegeben 2/9d/19
***auf*hören 2/6a/16**
***auf*machen 7/7c/65**
Aufnahmeprüfung, die, -en 7/6b/63
***auf*passen 1/4a/10**
Aufsatz, der, "-e 4/1a/36
Auftritt, der, -e 7/1a/60
*aus*drucken 4/1a/36
Ausgabe, die, -n 6/10c/57
*aus*geben, gibt *aus*, *aus*gegeben 6/10b/57
Ausland, das, nur Sg. 2/AT/13
*aus*leihen, leiht *aus*, *aus*geliehen 5/9d/49
***aus*machen 4/1a/36**
*aus*probieren 4/1a/36
*aus*schalten 4/3a/37
*aus*sehen, sieht *aus*, *aus*gesehen 1/3a/8
Austausch, der, -e 5/1b/44
Autostunde, die,-n 1/3b/9

B

Baby, das, -s 7/3b/61
Bad, das, "-er 4/1a/36
Badezimmer, das, – 4/1c/36
Bahn, die, nur Sg. 1/3b/8
Ballerinas, die, nur Pl. 6/6b/54
Banane, die, -n 3/7d/25
Baustelle, die, -n 2/8b/17
beeilen, sich 5/8c/48
begrüßen 1/3a/8
behindert 5/1b/44
bellen 7/7a/64
benutzen 4/2a/37
Benzin, das, nur Sg. 6/10b/57
bereit 7/4b/62
Bergführer, der, – 1/3a/08
Berggasthaus, das, "-er 1/3a/8
Berufsschule, die, -n 5/1a/44
Berufswunsch, der, "-e 2/6a/16
beruhigen 5/5a/46
berühmt sein 2/AT/13
beschimpfen 5/9c/49
besetzt 5/5a/46
besondere 5/1a/44
bestimmt 3/9a/26
Betriebspraktikum, das, Betriebspraktika 2/8a/17
Bezahlung, die, -en 6/10b/57
bisschen 1/2b/7
bitten, bittet, gebeten 3/1b/22
blaugrau 6/5a/53
blind 5/1a/44
Blindenschrift, die, -en 5/1a/44
Blindenschule,die, -n 5/3a/45
Blindheit, die, nur Sg. 5/2/45
blitzen 1/2a/7
blöde 7/7c/64
bloß 5/9a/49
Blu-Ray, die, -s 4/4/37
Bluse, die, -n 6/6d/54
Boots, die, nur Pl. 6/6b/54
Border-Collie, der, -s 7/7c/64
böse 3/1a/22
Brief, der, -e 4/3a/37
Bundeskanzler, der, – 7/3a/61

C

Cap, die, -s 6/6b/54
Castingshow, die, -s 4/7a/39
checken 4/1a/36
Chor, der, "-e 5/1a/44
Comicserie, die, -n 4/7a/39
Computerproblem, das, -e 2/6a/16
computersüchtig 4/10a/41

D

dafür 6/10b/57
Dame, die, -n 6/6b/54
damit 2/6c/16
danach 1/3a/8
danken 3/10a/26
dass 2/AT/13
Datei, die, -en 4/AT/35
Datum, das, Daten 7/2c/60
dauernd 4/10a/41
denken, denkt, gedacht 1/1g/6
denn 4/1a/36
doch 5/8c/48
donnern 1/2a/7
doof 7/7c/64
drauf sein 3/12a/27

Karten spielen 1/3a/8
Kartoffelsalat, der, -e 3/7d/25
Keller, der, – 7/7c/65
Kellerschlüssel, die, – 7/7c/65
Kellertür, die, -en 7/7c/65
***kennen*lernen 2/AT/13**
Kindergarten, der, "– 7/4a/62
Klassenausflug, der, "-e 4/1a/36
knapp 1/3b/9
Kollege, der, -n 2/6a/16
Kollegin, die, -nen 2/6a/16
Komplimentmaschine, die, -n 3/11/27
kompliziert 6/1a/52
Komponist, der, -en 7/3a/61
Komponistin, die, -nen 7/3a/61
Kompromiss, der, -e 5/9c/49
Kondition, die, nur Sg. 2/9b/18
Konditionstraining, das, -s 2/9c/19
Konflikt, der, -e 5/5a/46
Kontakt, der, -e 1/3b/9
konzentriert 2/9c/19
Körper, der, – nur Sg. 6/5a/53
korrigieren 2/3b/15
Krafttraining, das, -s 2/9c/19
Krankengymnastin, die, -nen 2/8d/17
kratzen 7/7c/65
kreativ 2/6a/16
kühl 1/2a/7
Kummerkasten, der, "- 4/10a/41
Kunde, der, -n 6/9c/56
Kundin, die, -nen 6/9c/56
Künstlername, der, -n 7/61
Kunstunterricht, der, nur Sg. 3/8/25
küssen 7/7c/65

L

Landesjugendturnier, das, -e 2/9a/18
Landesmeisterschaft, die, -en 2/9d/19
langsam 5/4a/45
lassen 4/10a/41
lebenspraktisch 5/1a/44
legen 2/8b/17
Lehre, die, -n 2/6a/16
Licht, das, -er 4/1a/36
Lied, das, -er 5/9d/49
lila 6/5a/53
Livestyle, der, -s 6/6b/54
locker 2/9d/19
logisch 1/3a/8
löschen 2/9c/19
lösen 2/6a/16
*los*gehen, geht *los*, *los*gegangen 1/3b/9

M

Markenkleidung, die, -nur Sg. 6/10b/57
Matheaufgabe, die, -n 3/1a/22
mehr … als 3/3a/23
meinen 2/9c/19
Meinung, die, -en 5/9c/49
Mensch, der, -en 2/AT/13
merken 4/1a/36
Mikrowelle, die, -n 7/7c/64
Mimik, die, nur Sg. 5/6b/47
Mio. (Abkürzung für: Million, die, -en) 1/3b/9
Mitglied, das, -er 1/3c/9
***mit*nehmen, nimmt *mit*, *mit*genommen 6/7/55**
mittags 5/8c/48
mittellang 6/5b/53
Mobilität, die, nur Sg. 5/1a/44
Modedesigner, der, – 7/61
modisch 6/1a/52
möglich 4/6a/38
monatlich 6/10b/57
Mönch, der, -e 1/3a/8
Moped, das, -s 6/10b/57
Multitalent, das, -e 7//61
musikalisch 7/3a/61
Muster, das, – 6/5a/53

N

na gut 5/8c/48
na klar 3/1b/22
*nach*geben, gibt *nach*, *nach*gegeben 5/9c/49
nass 1/2a/7
Nebenjob, der, -s 6/10b/57
neblig 1/2a/7
nervig 1/1b/6
nervös 2/9c/19
nett 3/5a/24
neu 2/9b/18
Neujahrsfest, das, -e 7/6b/63
nicken 1/3b/9
niemand 7/7c/64
Nobelpreisträger, der, – 7/3a/61
noch nie 4/AT/35
Norden, der, nur Sg. 1/3b/9
nördlich 5/1c/44

O

oben 1/3b/9
öffentlich-rechtlich 4/7d/39
öffnen 4/3a/37
Ohrhörer, der, – 4/1a/36
online 6/6a/54
Operation, die, -en 2/3b/15
optimistisch 3/5a/24
orange 6/5a/53
ordnen 5/1a/44
organisieren 2/3b/15
Orientierung, die, -en 5/1a/44
Osten, der, nur Sg. 1/3b/9

P

Panik, die, Paniken 7/7c/65
Passant, der, -en 7/7c/65
passen 2/AT/13
PC, der, -s 4/10a/41
Pech, das, nur Sg. 2/9b/18
pessimistisch 3/5a/24
Physiker, der, – 7/3a/61
Plan, der, "-e 2/AT/13
Platz, der, "-e 2/9c/19
plötzlich 2/9d/19
Praktikum, das, Praktika 2/8b/17
praktisch 5/1b/44
Präsident, der, -en 7/3a/61
privat 4/7d/39
Prüfung, die, -en 7/4b/62
Publikum, das, nur Sg. 7/1a/60
pünktlich 1/3a/8

R

Radio, das, -s 4/1a/36
Radiosender, der, – 4/7d/39
Rangliste, die, -n 2/9d/19
rauf und runter 7/7c/65
raus 7/4a/62
reagieren 2/9c/19
recherchieren 4/5b/38
Recht haben, hat Recht, Recht gehabt 2/9c/19
Referat, das, -e 4/8c/40
Regen, der, nur Sg. 1/2a/7
reich 2/AT/13
Reihe, die, -n 5/1a/44
rennen, rennt, gerannt 2/9b/18
reparieren 2/3b/15
reservieren 5/8c/48
richtig (modal) 1/1a/6
richtig 1/1b/6
Rolle, die, -n 5/2/45
Rucksack, der, "-e 1/3b/9
Ruhe, die, nur Sg. 4/AT/35
runter 7/7c/65
*runter*laden, lädt *runter*, *runter*geladen 4/3a/37

S

Satz, der, "-e 2/9d/19
sauber machen 2/8b/17
Schach, das, -s 5/5a/46
Schal, der, – 6/6b/54
Schalter, der, – 2/8b/17
Schatz, der, "-e 2/9c/19
Schauspielschule, die, -n 2/6a/16
schick 6/2a/52
schicken 4/1a/36
Schiene, -n 2/9c/19
Schlagzeug, das, -e 7/1a/60
schlichten 5/9a/49
schließen, schließt, geschlossen 4/3a/37
schmutzig 7/7c/65
schneien 1/2a/7
Schnürschuh, der, -e 6/6b/54
schrecklich 1/1b/6
Schrift, die, -en 5/1b/44
Schriftsteller, der, – 7/3a/61
Schüleraustausch, der, -e 5/1a/44
Schulleben, das, – 7/5a/63
Schultag, der, -e 7/7c/64
Schulzeit, die, -en 7/5a/63
schwer 1/3b/9
sehbehindert 5/1a/44
selbstständig 5/1a/44
selbstverständlich 5/5a/46
senden 4/7d/39
Sender, der, – 4/7d/39
setzen sich 5/5a/46
Shampoo, das, -s 5/8c/48
SMS, die, – 4/3a/37
Sneaker, der, -s 6/6b/54
sofort 4/8c/40
Sonderangebot, das, -e 6/6b/54
Song, der, -s 5/2/45
Sonstige, das, nur Sg. 6/6b/54
Sorge, die, -n 4/10a/41
sowie 5/1a/44
spannend 6/1a/52
Spiele-Entwicklerin, die, -nen 2/6a/16
Spielplatz, der, "-e 7/7c/65
spinnen, spinnt, gesponnen 2/2/14
Sportartikel, der, – 6/10c/57
sportlich 3/5a/24
Sportsendung, die, -en 4/7a/39
Sportwagen, der, – 6/AT/51
springen, springt, gesprungen 2/9c/19
Städtetour, die, -en 1/1g/6
Stadthalle, die, -n 7/1a/60
Star, der, -s 2/AT/13
starten 4/3a/37
Statistik, die, -en 4/5c/38
***statt*finden, findet *statt*, *statt*gefunden 2/08a/17**
Statussymbol, das, -e 6/10b/57
stehen, steht, gestanden 6/9b/56
steigen, steigt, gestiegen 1/3a/8
Stelle, die, -n 2/6a/16
Stellenanzeige, die, -n 2/6a/16
Stiefel, der, – 6/6b/54
Stimmung, die, -en 1/1c/6
Strafarbeit, die, -en 4/1a/36
Streichholz, das, "-er 4/1a/36
streiten, streitet, gestritten 5/5a/46
stressig 7/5a/63
Stromausfall, der, "-e 4/1a/36
Student, der, -en 5/1c/44
Studentin, die, -nen 5/1c/44
Studium, das, Studien 2/6a/16
stundenlang 4/10a/41
Sturm, der, "-e 1/2a/7
stürmen 1/2a/7

T

Tagebuch, das, "-er 2/9a/18
Talent, das, -e 2/9c/19
Talkshow, die, -s 4/7a/39
Team, das, -s 4/10a/41
Text, der, -e 4/1a/36
tolerant 3/5a/24
Ton, der, "-e 4/AT/35
Tonfall, der, "-e 5/6b/47
Touristikkauffrau, die, -en 2/3a/15
Touristikkaufmann, der, "-er 2/3a/15
Treffpunkt, der, -e 1/3a/8
Tribüne, die, -nen 2/9d/19
trösten 2/9c/19
Tuch, das, "-er 6/6b/54
Turnier, das, -e 2/9a/18
Typ, der, -en 6/8b/55

U

übermorgen 7/2c/60
*um*schauen 6/9b/56
*un*bedingt 2/9b/18
unterhalten (sich), unterhält (sich), (sich) unterhalten 5/5a/46
Unterschied, der, -e 6/10b/57
unterschiedlich 6/10b/57

V

verbessern 2/9b/18
Verein, der, -e 2/9a/18
vereinsintern 2/9d/19
verheiratet sein 2/AT/13
verlassen, verlässt, verlassen 4/10a/41
vermuten 1/1g/6
Vermutung, die, -en 7/1b/60
verraten, verrät , verraten 1/3b/9
verschieden 3/9a/26
verstecken 7/7c/65
verstehen, versteht, verstanden 1/4c/10
Vibrationsalarm, der, -e 4/1a/36
Video, das, -s 6/10c/57
Vielen Dank. 5/6d/47
vielseitig 2/6c/16
Viertausender, der, – 1/3a/8
Vollgas, das, nur Sg. 7/4a/62
*vor*lesen, liest *vor*, *vor*gelesen 2/3b/15
vorsichtig 3/5a/24
Vortrag, der, "-e 4/1a/36

W

wählen 4/10a/41
wahr 4/1a/36
wahrscheinlich 1/1g/6
warm 7/7c/64
warten 7/7c/64
warum nicht? 6/6a/54
***weg*gehen, geht *weg*, *weg*gegangen 4/2a/37**
***weh*tun, tut *weh*, *weh*getan 1/3b/9**
weil 2/6a/16
weinen 4/10a/41
*weiter*gehen, geht *weiter*, *weiter*gegangen 1/3b/9
Weltklasse, die, nur Sg. 2/9b/18
wem 1/2c/7
Westen, der, nur Sg. 1/3b/9
Wetter, das, nur Sg. 1/2a/7
Wetterbericht, der, -e 4/7a/39
wichtig finden, findet wichtig, wichtig gefunden 5/10c/49
Wichtigste, das, nur Sg. 5/10c/49
wiederholen 6/8a/55
Wimbledon-Champion, der, -s 2/9b/18
Wind, der, -e 1/2a/7
Woche, die, -n 7/AT/59
wohl 5/5a/46
Wohngruppe, die, -n 5/1a/44
Wohnhaus, das, "-er 7/7c/64
Wohnheim, das, -e 5/1a/44
wunderbar 1/1b/6
Wunderkind, das, -er 7/3a/61
Wunsch, der, "-e 1/3b/9
wünschen 1/3b/9

Z

Zahnarzt, der, "-e 2/3a/15
Zahnärztin, die, -nen 2/3a/15
Zähneputzen, das, nur Sg. 4/1a/36
Zeichentrickserie, die, -n 4/7a/39
Zeitungskiosk, der, -e 7/7c/65
Ziege, die, -n 7/7c/64
zuhören 3/9a/26
zukünftig 7/3a/61
*zurück*bekommen 3/4/23
*zurück*geben, gibt *zurück*, *zurück*gegeben 4/8d/40
*zurück*gehen, geht *zurück*, *zurück*gegangen 1/3b/9
*zurück*kommen 7/7c/65
*zurück*ziehen (sich), zieht (sich) *zurück*, (sich) *zurück*gezogen 5/6a/47
Zusammenleben, das, nur Sg. 5/AT/43
zusätzlich 5/1a/44
zuverlässig 3/5a/24

Liste einiger Verben mit Dativ

antworten	Warum hast du mir nicht geantwortet?
danken	Ich danke dir/Ihnen.
gefallen	Das Kleid gefällt mir.
gehören	Wem gehört das Smartphone? – Mir.
gratulieren	Wir gratulieren euch ganz herzlich zu eurem Erfolg.
guttun	Ein bisschen mehr Sport tut uns allen gut.
helfen	Kannst du mir helfen. Ich verstehe die Aufgabe nicht.
passen	Die Hose passt mir gut.
raten	Ich rate euch, dass ihr den Test gut vorbereitet.
schmecken	Der Kartoffelsalat schmeckt mir sehr gut.
stehen	Das Hemd steht ihm sehr gut.
vertrauen	Ich vertraue meinem Bruder 100%.
weh tun	Au! Pass doch auf, du tust mir weh!

Liste einiger Verben mit Dativ und Akkusativ

anbieten	Kann ich dir einen Tee anbieten?
empfehlen	Ron hat uns den neuen Film von Wim Wenders empfohlen.
erklären	Können Sie uns die Aufgabe erklären? Wir verstehen sie nicht.
erzählen	Tina hat mir gestern eine ganz tolle Geschichte erzählt.
geben	Gib mir mal bitte das Salz.
holen	Holst du uns noch etwas Brot aus der Küche?
kaufen	Unsere Eltern haben uns die neue X-Box gekauft.
leihen	Kannst du mir dein Fahrrad leihen? Meins ist kaputt.
mitbringen	Bringst du mir einen Hamburger mit?
schenken	Meine Mutter hat mir einen Kopfhörer geschenkt.
schicken	Heute Abend muss ich Herrn Paulus die Präsentation schicken.
schreiben	Wann schreibst du endlich mal deiner Tante eine E-Mail?
wünschen	Zoe wünscht sich zu Weihnachten einen Musikgutschein.
zeigen	Stefan hat uns seinen neuen Laptop gezeigt.

Liste unregelmäßiger Verben

In dieser Liste findest du wichtige unregelmäßige Verben. Zuerst steht der Infinitiv (beginnen), dann die 3. Person Singular Präsens (er/es/sie beginnt) und dann die Perfektform (er/es/sie hat begonnen).
Die Perfektformen mit **sein** sind rot markiert (ist *ab*gehauen). Die trennbaren Vorsilben sind ***kursiv*** markiert (*ab*hauen).

Infinitiv	Präsens – 3. Person Sg. er/es/sie	Perfekt – 3. Person Sg. er/es/sie
*ab*geben	gibt … *ab*	hat *ab*gegeben
*ab*hauen	haut … *ab*	ist *ab*gehauen
*ab*schließen	schließt … *ab*	hat *ab*geschlossen
*ab*schreiben	schreibt … *ab*	hat *ab*geschrieben
*an*bieten	bietet … *an*	hat … *an*geboten
*an*fangen	fängt … *an*	hat *an*gefangen
*an*kommen	kommt … *an*	ist *an*gekommen
*an*rufen	ruft … *an*	hat *an*gerufen
*an*sehen	sieht … *an*	hat *an*gesehen
*auf*bleiben	bleibt … *auf*	ist *auf*geblieben
*auf*geben	gibt … *auf*	hat *auf*gegeben
*auf*schreiben	schreibt … *auf*	hat *auf*geschrieben
*auf*stehen	steht … *auf*	ist *auf*gestanden
*aus*geben	gibt … *aus*	hat *aus*gegeben
*aus*leihen	leiht … *aus*	hat *aus*geliehen
*aus*sehen	sieht … *aus*	hat *aus*gesehen
*aus*sprechen	spricht … *aus*	hat *aus*gesprochen
*aus*tragen	trägt … *aus*	hat *aus*getragen
beginnen	beginnt	hat begonnen
beißen	beißt	hat gebissen
bekommen	bekommt	hat bekommen
benennen	benennt	hat benannt
beschreiben	beschreibt	hat beschrieben
bleiben	bleibt	ist geblieben
brennen	brennt	hat gebrannt
bringen	bringt	hat gebracht
*dabei*haben	hat … *dabei*	hat dabeigehabt
denken	denkt	hat gedacht
dürfen	darf	hat gedurft/dürfen
*ein*fallen	fällt … *ein*	ist *ein*gefallen
*ein*laden	lädt … *ein*	hat *ein*geladen
*ein*schlafen	schläft … *ein*	ist *ein*geschlafen
*eis*laufen	läuft … *eis*	ist *eis*gelaufen
erfinden	erfindet	hat erfunden
erraten	errät	hat erraten
essen	isst	hat gegessen
fahren	fährt	ist gefahren
*fern*sehen	sieht … *fern*	hat *fern*gesehen
finden	findet	hat gefunden
fliegen	fliegt	ist geflogen
fressen	frisst	hat gefressen
geben	gibt	hat gegeben
gefallen	gefällt	hat gefallen
gehen	geht	ist gegangen
haben	hat	hat gehabt
halten	hält	hat gehalten
hängen	hängt	hat gehangen
*heraus*finden	findet … *heraus*	hat *heraus*gefunden
*herunter*laden	lädt … *herunter*	hat heruntergeladen
heißen	heißt	hat geheißen
helfen	hilft	hat geholfen
*hin*fallen	fällt … *hin*	ist *hin*gefallen
*hoch*laden	lädt … *hoch*	hat *hoch*geladen
kennen	kennt	hat gekannt
kommen	kommt	ist gekommen

Infinitiv	Präsens – 3. Person Sg. er/es/sie	Perfekt – 3. Person Sg. er/es/sie
können	kann	hat gekonnt
lassen	lässt	hat gelassen
laufen	läuft	ist gelaufen
leiden	litt	hat gelitten
lesen	liest	hat gelesen
liegen	liegt	hat gelegen
*los*gehen	geht … *los*	ist *los*gegangen
*mit*bringen	bringt … *mit*	hat *mit*gebracht
*mit*kommen	kommt … *mit*	ist *mit*gekommen
*mit*nehmen	nimmt … *mit*	hat *mit*genommen
mögen	mag	hat gemocht/mögen
müssen	muss	hat gemusst/müssen
*nach*denken	denkt … *nach*	hat *nach*gedacht
*nach*geben	gibt … *nach*	hat *nach*gegeben
*nach*sprechen	spricht … *nach*	hat *nach*gesprochen
nehmen	nimmt	hat genommen
nennen	nennt	hat genannt
passieren	passiert	ist passiert
raten	rät	hat geraten
reiten	reitet	ist geritten
riechen	riecht	hat gerochen
rufen	ruft	hat gerufen
*runter*laden	lädt … *runter*	hat *runter*geladen
scheinen	scheint	hat geschienen
schlafen	schläft	hat geschlafen
schließen	schließt	hat geschlossen
schreiben	schreibt	hat geschrieben
schwimmen	schwimmt	ist geschwommen
sehen	sieht	hat gesehen
singen	singt	hat gesungen
sitzen	sitzt	hat gesessen
sprechen	spricht	hat gesprochen
springen	springt	ist gesprungen
*statt*finden	findet … *statt*	hat *statt*gefunden
stehen	steht	hat gestanden
steigen	steigt	ist gestiegen
streiten sich	streitet sich	hat sich gestritten
tragen	trägt	hat getragen
trinken	trinkt	hat getrunken
unterhalten	unterhält	hat unterhalten
verbinden	verbindet	hat verbunden
vergessen	vergisst	hat vergessen
vergleichen	vergleicht	hat verglichen
verlassen	verlässt	hat verlassen
verlieren	verliert	hat verloren
verstehen	versteht	hat verstanden
*vor*gehen	geht … *vor*	ist *vor*gegangen
*vor*lesen	liest … *vor*	hat *vor*gelesen
waschen	wäscht	hat gewaschen
*weg*gehen	geht … *weg*	ist *weg*gegangen
*weh*tun	tut … *weh*	hat *weh*getan
*weiter*gehen	geht … *weiter*	ist *weiter*gegangen
*weiter*lesen	liest … *weiter*	hat *weiter*gelesen
wissen	weiß	hat gewusst
wollen	will	hat gewollt/wollen
*zurück*geben	gibt … *zurück*	hat *zurück*gegeben
*zurück*gehen	geht … *zurück*	ist *zurück*gegangen
*zurück*ziehen	zieht … *zurück*	hat *zurück*gezogen

Bildquellen

Cover Corbis/Radius Images/Uwe Umstätter – **S. 4** 1: mauritius images/imagebroker/Oskar Eyb; 2: Cornelsen Schulverlage/Hugo Herold; 3: Cornelsen Schulverlage/Hugo Herold; Kleine Pause: Cornelsen Schulverlage/filma productions; 4: Shutterstock/g-stockstudio; 5: Cornelsen Schulverlage/Hugo Herold; 6: Shutterstock/Monkey Business Images; 7: Shutterstock/Monkey Business Images; Große Pause: Cornelsen Schulverlage/filma productions – **S. 5** A: Shutterstock/bikeriderlondon; B: Shutterstock/Pressmaster; C: Shutterstock/S-F; D: mauritius images/imagebroker/Oskar Eyb; Hintergrund: Fotolia/Max Diesel – **S. 6** links: Shutterstock/Sabphoto; 2. von links: Shutterstock/East; 2. von rechts: Shutterstock/kouptsova; rechts: Shutterstock/Aleshyn_Andrei – **S. 7** A: Fotolia/ivan kmit; B: Shutterstock/AlinaMD; C: Shutterstock/Natali Glado; D: Shutterstock/Mihai Simonia; unten: Cornelsen Schulverlage/Hugo Herold – **S. 8** A: Shutterstock/TTstudio; B: mauritius images/imageBROKER/hwo; C: Your Photo Today/EAH/Günter Gräfenhain – **S. 9** D: Fotolia/Alexander Rochau; E: Shutterstock/DNF Style; F: Shutterstock – **S. 10** Cornelsen Schulverlage/Hugo Herold – **S. 13** Shutterstock/Pavel L Photo and Video; Hintergrund: Fotolia/Max Diesel – **S. 14** oben: Shutterstock/Christine Langer-Pueschel; unten: Cornelsen Schulverlage/Hugo Herold – **S. 15** A: Shutterstock/oliveromg; B: Shutterstock/Glovatskiy; C: action press/KRÜGER, MARCUS; D: Shutterstock/Minerva Studio; E: Shutterstock/Sergey Mironov; F: Shutterstock/kurhan; G: Shutterstock/Margarita Borodina; H: Fotolia/auremar; unten: Cornelsen Schulverlage/Hugo Herold – **S. 16** oben links: Fotolia/goodluz; oben rechts: Fotolia/Budimir Jevtic; unten: Cornelsen Schulverlage/Hugo Herold – **S. 17** oben: Cornelsen Schulverlage/Hugo Herold; Mitte: Cornelsen Schulverlage/Hugo Herold; unten: Fotolia/Dan Race – **S. 18** oben: Shutterstock/Ollyy; unten: Shutterstock/Carlos Horta – **S. 21** Cornelsen Schulverlage/Hugo Herold; Hintergrund: Fotolia/Max Diesel – **S. 22** Cornelsen Schulverlage/Hugo Herold – **S. 23** Cornelsen Schulverlage/Hugo Herold – **S. 24** Fotolia/mma23 – **S. 25** Cornelsen Schulverlage/Hugo Herold – **S. 26** Cornelsen Schulverlage/Hugo Herold – **S. 27** oben: Shutterstock/cobalt88; A: Fotolia/shootingankauf; B: Shutterstock/wavebreakmedia; C: Shutterstock/wavebreakmedia; D: Shutterstock/SpeedKingz – **S. 29** Shutterstock/nui7711 – **S. 32** oben: Cornelsen Schulverlage/filma productions; A: Fotolia/© Stephan Baur; B: Shutterstock/Olga Danylenko; C: Shutterstock/fdenb; unten links: Cornelsen Schulverlage/filma productions; unten rechts: Shutterstock/Carlos Caetano – **S. 33** links: Shutterstock/Steve Bower; Mitte: Shutterstock/Simon Zenger; rechts: Shutterstock/Rainer Plendl – **S. 34** Cornelsen Schulverlage/filma productions – **S. 35** Hintergrund: Fotolia/Max Diesel – **S. 37** links: Shutterstock/A-R-T; links im Rahmen: Fotolia/Industrieblick; rechts: Shutterstock/Es sarawuth – **S. 38** Shutterstock/g-stockstudio – **S. 39** Fernseher: Shutterstock/Vladru; 1: Shutterstock/Brad Camembert; 2: Shutterstock/withGod; 3: Shutterstock/Corepics VOF; 4: Shutterstock/David Steele; 5: Shutterstock/Eoghan McNally; 6: Shutterstock/Jaromir Chalabala; 8: Shutterstock/Jorg Hackemann; 9: Shutterstock/Stokkete; oben: Das Erste/ARD; Mitte: ORF; unten: SFR – **S. 40** Cornelsen Schulverlage/Hugo Herold – **S. 41** A + B + C: Cornelsen Schulverlage/Hugo Herold – **S. 43** A + B + C + D: blista Marburg, Gymnasium für blinde und sehbehinderte Schülerinnen und Schüler, www.blista.de, Bruno Axhausen; Hintergrund: Fotolia/Max Diesel – **S. 44** oben + 2. von oben + Mitte + 2. von unten: blista Marburg, Gymnasium für blinde und sehbehinderte Schülerinnen und Schüler, www.blista.de, Bruno Axhausen; unten: Shutterstock/Carmen Rieb – **S. 45** Cornelsen Schulverlage/Hugo Herold – **S. 46** blista Marburg, Gymnasium für blinde und sehbehinderte Schülerinnen und Schüler, www.blista.de, Bruno Axhausen – **S. 47** Cornelsen Schulverlage/Hugo Herold – **S. 49** Cornelsen Schulverlage/Hugo Herold – **S. 51** oben links: Shutterstock/Rawpixel; oben rechts: Fotolia/vivienstock; Mitte links: Fotolia/jolopes; Mitte rechts: Fotolia/Andrey Kiselev; unten links: Shutterstock/Andrey Armyagov; unten rechts: Shutterstock/Zoran Karapancev; Hintergrund: Fotolia/Max Diesel – **S. 52** oben links: Fotolia/Erik Lam; oben Mitte: Fotolia/adistock; oben rechts: Shutterstock/Rena Schild; Mitte oben: Shutterstock/Karkas; Mitte rechts: Shutterstock/Rawpixel; Mitte unten: Fotolia/Eric Isselée – **S. 53** links: Fotolia/Fotosasch; rechts: Shutterstock/Monkey Business Images – **S. 54** 1. Reihe links: Fotolia/Africa Studio; 1. Reihe 2. von links: Fotolia/bluebat; 1. Reihe 2. von rechts: Shutterstock/Mega Pixel; 1. Reihe rechts: Shutterstock/Pakhnyushchy; 2. Reihe links: Shutterstock/macknimal; 2. Reihe 2. von links: Shutterstock/Lucy Liu; 2. Reihe 2. von rechts: Shutterstock/Borislav Bajkic; 2. Reihe rechts: Shutterstock/MichaelJayBerlin; 3. Reihe links: Shutterstock/Lucy Liu; 3. Reihe 2. von links: Shutterstock/Africa Studio; 3. Reihe 2. von rechts: Fotolia/phatthanit; 3. Reihe rechts: Shutterstock/Wittaya Budda; 4. Reihe links: Shutterstock/DenEmmanuel; 4. Reihe 2. von links: Fotolia/soonthorn; 4. Reihe 2. von rechts: Shutterstock/Kreangkrai Indarodom; 4. Reihe rechts: Shutterstock/krungchingpixs – **S. 55** Cornelsen Schulverlage/Hugo Herold – **S. 56** Cornelsen Schulverlage/Hugo Herold – **S. 59** Cornelsen Schulverlage/Hugo Herold; Hintergrund: Fotolia/Max Diesel – **S. 61** A: picture alliance/Fred Stein; B: Fotolia/louizaphoto; C: action press/ullstein - Archiv Gerstenberg; D: akg-images/NordicPhotos; E: Clip Dealer/Edler von Rabenstein; F: action press/Ukas, Michael; unten: Shutterstock/Featureflash; Hände: Cornelsen Schulverlage/Hugo Herold – **S. 62** A: Shutterstock/Monkey Business Images; B: Shutterstock/Andrey Stratilatov; C: Fotolia/contrastwerkstatt – **S. 63** Shutterstock/max sattana – **S. 67** 18: Shutterstock; 20: Shutterstock/ppart – **S. 68** oben: Cornelsen Schulverlage/Hugo Herold; links: Shutterstock/YanLev; rechts: Shutterstock/Poznyakov – **S. 70** Cornelsen Schulverlage/filma productions – **S. 71** oben: Cornelsen Schulverlage/filma productions; unten links: Shutterstock/Ollyy; unten 2. von links: Shutterstock/Tassh; unten Mitte: Shutterstock/MJTH; unten 2. von rechts: Shutterstock/Richard Lyons; unten rechts: Shutterstock/INSAGO – **S. 72** oben: Cornelsen Schulverlage/filma productions; unten links: Shutterstock/Matyas Rehak; unten Mitte: Shutterstock/Elena Dijour; unten rechts: Shutterstock/BlueOrange Studio

Karten/Grafiken

U2 Cornelsen Schulverlage/Carlos Borrell – **U3** Cornelsen Schulverlage/Dr. Volker Binder

Textquellen

S. 31 Horst Pillau „Der Babysitter“ aus der Sammlung „Vergnügliche Sketche“ © 1999 AHN & SIMROCK Bühnen- und Musikverlag GmbH, Hamburg – **S. 69** © Heinz Janisch/Wolf Erlbruch, „Der König und das Meer“. 21 Kürzestgeschichten © Sanssouci im Carl Hanser Verlag München